MW01228595

Editor principal: Francisco Burgos
Otros editores: Robert D. Sims, Frances Weiss y André Reis
Diseño de la portada: Cecilia Micheas
Diseño del interior: Cecilia Micheas y André Reis
PRINTED IN U.S.A.

ISBN-13: 978-1542448345
ISBN-10: 1542448344

A Francisco Burgos
mucho más que un editor

ÍNDICE

PREFACIO

Las Escrituras están llenas de arte y belleza. Podríamos decir que, sin lo primero, el contenido de la Biblia hubiera sido muy diferente. Imagina que extrajéramos toda la poesía, la narrativa y la prosa del texto. ¿Qué quedaría? ¡Probablemente sólo los títulos de cada libro! La expresión artística que encontramos en el texto bíblico es un medio para que, primero, comprendamos el contenido del mensaje y, segundo, respondamos al mismo en nuestra vida.

El libro que tienes en tus manos ha sido organizado de forma similar. En él encontrarás información sobre historia de la música y descripciones del lenguaje musical, pero este no es el objetivo final del libro. La música cristiana, como expresión artística, es un medio para alcanzar un fin: la adoración. Y la adoración en la Biblia es una respuesta. Uno de los problemas actuales, al tratar el tema de música y adoración, es mantener la discusión en ambos extremos: hablar sobre música como un fin en sí mismo, o hablar sólo sobre adoración sin tomar en cuenta los aspectos técnicos de la música. El equilibrio que este volumen aporta al debate actual no es sólo necesario sino imperativo.

Las Escrituras también nos enseñan a entender y atesorar el concepto de equilibrio. Reflexiona en lo siguiente: mientras David, el salmista, nos invita en el Sal. 96:1 a "cantar una nueva canción ante el Señor", su hijo Salomón, en Eclesiastés 1:9, nos confronta a la cruda realidad de que "no hay nada nuevo bajo el sol." ¿Cómo vamos a cantar una canción nueva ante el Señor si no hay nada nuevo bajo el sol? Las posibles respuestas serían: o componer nuevas canciones constantemente y no usar nunca la tradición; o no intentar crear nada nuevo y quedarnos con lo que se ha hecho en el pasado, ya que la Biblia dice que "no hay nada nuevo bajo el sol."La Biblia nos invita a ver la belleza en el equilibrio de estas dos afirmaciones. Tanto la música como la adoración florecen en este equilibrio. Mientras lees este libro sobre algo tan trascendental en tu vida cristiana, ojalá mantengas este concepto de equilibrio en tu mente.

Como miembros laicos, pastores, líderes y músicos, somos responsables de entender que la expresión artística es crucial al guiarnos a una actitud de vida que la Biblia llama *adoración*. La música, el arte, la intencionalidad y la adoración son elementos que están relacionados y dependen el uno de los otros. Ojalá que las páginas de este libro provean los recursos y las ideas necesarias para equipar a tu iglesia y a tu comunidad, con el fin de continuar creciendo juntos en adoración.

Dr. Jonas Arrais
Secretario Ministerial Asociado
Asociación General de la Iglesia Adventista del Séptimo Día

INTRODUCCIÓN

E n las Escrituras, el verbo "adorar" significa inclinarse, humillarse ante alguien que es superior a nosotros. Quizás hayas comenzado a leer este libro buscando respuestas prácticas que respondan a tus inquietudes sobre cómo adorar a Dios. Si así fuera, tengo una buena noticia para ti: Dios en su Palabra nos invita a adorarle y nos enseña cómo. El desafío es entender a Dios en sus palabras y en sus silencios, dejando a un lado nuestros prejuicios y acercándonos al Creador con un corazón humilde. Y eso es parte de la adoración: venir ante la presencia de Dios estando completamente presentes, dispuestos a escuchar, con los ojos del corazón abiertos para dejar que Dios sea Dios.

Adorar es cortar las ligaduras que nos atan a nosotros mismos, y dejar que todo lo que somos vuele libre hacia Dios.

Adorar es permitir que el curso de nuestros pensamientos y el centro de nuestra existencia se llenen hasta rebosar de la presencia de Dios.

Adorar es liberar la mirada interior de nuestras tristezas o alegrías, de nuestras desilusiones o logros, y enfocar los ojos en Dios. Con la mirada de un niño asombrado que se acerca al misterio de lo desconocido. Como viendo al invisible. Con los ojos de la fe.

Adorar es una actitud y una forma de vivir que no tiene tanto que ver con las circunstancias que nos rodean como con nuestra madurez espiritual: muestra la profundidad de nuestra amistad con Dios.

Por eso Job, al escuchar que había perdido a sus hijos y sus posesiones — en el mismo día — "se levantó y rasgó su vestido en señal de dolor; después se rasuró la cabeza y se postró en el suelo para adorar" (Job 1:20).

Por eso María, al recibir la noticia del ángel, aún sabiendo los problemas que suponían estar embarazada siendo virgen y soltera, adoró a Dios, diciendo: "Oh, cuánto alaba mi alma al Señor. ¡Cuánto mi espíritu se alegra en Dios mi Salvador! Pues se fijó en su humilde sierva, y de ahora en adelante todas las generaciones me llamarán bendita" (Luc. 1:46-48).

El siglo XXI nos ha encontrado a los cristianos discutiendo sobre adoración. Vivimos en una época de transición, con desafíos semejantes a los que enfrentaron el apóstol Pablo, Martín Lutero o Charles Wesley, quienes debieron encontrar nuevas fórmulas musicales para que las buenas nuevas del evangelio llegaran a la gente de su época de forma apropiada y relevante.

Actualmente, el debate sobre música y adoración se centra principalmente en cuáles deberían ser los estilos de música apropiados, los instrumentos musicales correctos, la vestimenta aconsejable, el orden de la liturgia y un largo etcétera. Hay quienes afirman que el texto bíblico enumera una lista detallada de instrumentos y estilos musicales. Muchos eruditos bíblicos, sin embargo, consideran que la Biblia traza principios claros con respecto al tema de la música y la adoración; principios que han de ser contextualizados y aplicados a la complicada realidad de este siglo. Mientras tanto, "el Padre sigue buscando adoradores que le adoren en espíritu y en verdad" (Juan 4:23). El Padre busca hijos que centren la adoración en quién es Él, en qué ha hecho, hace y ha prometido hacer en nuestras vidas.

El libro que tienes en tus manos te invita a reflexionar sobre el tema de la música en el contexto de la adoración, a la luz de la Palabra de Dios, la historia de la música, los escritos de Ellen White y las aportaciones del arte y la ciencia. Mi oración es que lo leamos pidiéndole al Padre que nos enseñe a adorar en espíritu y en verdad. Que el Espíritu Santo nos dé discernimiento para ser adoradores verdaderos. Que la adoración no sea sólo una actividad que experimentemos cuando vayamos a la iglesia, sino un estilo de vida que nos defina como hijos e hijas de Dios en cada momento.

Porque, aunque la música es una hermosa forma de adorar a Dios, la adoración es mucho *más que música*.

Adriana Perera

CAPÍTULO 1
JESÚS Y LA ADORACIÓN

Me levanté antes de que saliera el sol. Desde que mi padre se enfermó y no puede trabajar, madrugo para ayudar a mi madre. Tejemos cestas de mimbre y las vendemos en el mercado. Trabajo mucho y sólo tengo ocho años, pero mi madre siempre me dice que las cosas se pondrán mejor. Yo creo que tiene razón.

Después de vender dos cestas compramos pan y un puñado de almendras para el desayuno y regresamos a casa. Mi padre ya había salido. Él apenas puede caminar, y tiene que arrastrar las piernas. Desde que perdió el trabajo suele irse al templo temprano por las mañanas. Últimamente sólo habla del Mesías que Israel tanto espera. El Mesías que traerá libertad y esperanza.

Después de la clase en la sinagoga, me fui con los amigos del barrio a pasear un rato por las calles de Jerusalén. Es mi hora favorita del día. Siempre vemos algo que nos hace reir mucho. Ese día las calles estaban atestadas de gente y todos se dirigían a algún sitio. Fuimos a averiguar qué pasaba, y a medida que nos internábamos en la ciudad, el tumulto crecía. Entre el ruido del gentío me pareció distinguir una melodía familiar: *"¡Hosanna al Hijo de David! ¡Bendito el que viene en el nombre del Señor!"* — cantaban niños y adultos. Yo conocía esa canción. El rabino me la había enseñado en la sinagoga. Son las palabras del Salmo 118, y los niños judíos sabemos que se refieren al Mesías, el enviado de Dios que Israel espera desde hace tantos siglos.

De repente vi aparecer por la esquina de la calle a Jesús, montado en un asno. La expresión de felicidad y bondad en su rostro me cautivó. Había algo muy atractivo en Él. La gente lo apretaba, tendían sus mantos delante de Él, y personas de todas las edades repetían el canto, mientras levantaban palmas y laureles: *"¡Hosanna al Hijo de David! ¡Bendito el que viene en el nombre del Señor!"*

Un escalofrío recorrió todo mi cuerpo. ¿Y si este hombre fuera el Mesías? ¿Y si mi padre tuviera razón?

Me puse a cantar junto con los demás. Tomé una rama de palmera que encontré en la calle, y ondeándola con mis dos brazos me uní a la comitiva, saltando y cantando con mis amigos.

Seguimos a Jesús hasta el templo de Jerusalén. Él se detuvo y contempló el edificio. Yo no podía quitar mis ojos de los suyos. Vi cómo la expresión de su rostro cambió súbitamente. El ruido en las calles cesó y un silencio tenso envolvió a la multitud. Jesús entró solo al templo.

De repente sentí una mano tocando mi tobillo izquierdo. "Hijo, ¿qué haces aquí?" Cuando bajé la mirada me encontré con mi padre, sentado sobre sus piernas enfermas. "¡Papá! ¿Tú crees que Jesús es el Mesías?" — le pregunté ansiosamente — "¿Crees que Él es el Mesías?" — le repetí. Los ojos de mi padre brillaban y una sonrisa iluminó su cara. "Si, Andrés, estoy seguro. Creo que Jesús es el Hijo de Dios."

Un ruido desconcertante nos sorprendió. Palomas, tórtolas, toros, bueyes y corderos salían huyendo desordenadamente del atrio del templo. Algunos sacerdotes y encargados del templo también corrían, con caras de pánico. El ruido y la confusión precedieron a un silencio absoluto. Un silencio que yo nunca antes había escuchado en el atrio del templo, donde siempre se escuchaba tanto ruido.

Mi padre me rogó: "Hijo, llévame al atrio. Llévame adonde está Jesús. Necesito verle." Rápidamente le pedí ayuda a un amigo y entre los dos servimos de muletas a mi padre. Cuando entramos al atrio, vimos a Jesús de pie, mirándonos serenamente, como si nos estuviera esperando. Lentamente caminó hacia nosotros. Yo observaba la escena con la boca abierta y el corazón latiendo más fuerte que nunca.

Jesús puso sus manos sobre los hombros de mi padre. "El Padre me ha enviado a liberar, a desatar la primavera en el corazón de sus hijos, a proclamar libertad a los cautivos de la enfermedad y la desilusión. El Reino de los Cielos se ha acercado hoy a ti" — le dijo. Con una voz dulce y esbozando una sonrisa le preguntó a mi padre: "¿Crees en mí?" Pude sentir la respiración entrecortada de mi padre mientras caía al suelo y le respondía: "¡Sí, Señor! ¡Yo creo que eres el Mesías, el Hijo de Dios!

Jesús se agachó y con sus fuertes brazos de carpintero levantó a mi padre. "Todo es posible, si crees" — le dijo. Mi padre alzó sus ojos. Estaba llorando como un niño. Nunca había visto a mi padre llorar. Jesús y él se fundieron en un abrazo. Yo no pude aguantar más y me abracé a ellos también. Mientras tanto, algunas personas ciegas y enfermas se acercaron a nosotros. "¡Señor, sánanos!" — le pedían a Jesús. Él le dio una palmadita a mi padre en el hombro, y le sonrió otra vez. Tenía la sonrisa más maravillosa que yo había visto jamás. A continuación, se alejó de nosotros poco a poco, acercándose a ciegos, cojos y demás enfermos que se habían reunido. Les sonreía, les tocaba y les sanaba, uno a uno.

15

De repente mi padre comenzó a gritar y a saltar de alegría. Estaba tan feliz que me costaba reconocerlo. Me tomó en sus brazos, y me dijo: "¡Andrés, estoy saltando! ¡Jesús me ha curado las piernas! ¡Ya no me duelen! ¡Estoy sano! ¡Es un milagro! ¡Es un milagro!"

El atrio del templo era una fiesta total. Las personas que habían sido sanadas y sus familias se abrazaban, saltaban de alegría, reían y cantaban: "*¡Bendito el que viene en el nombre del Señor! ¡Hosanna al Hijo de David!*" Mis amigos y yo empezamos a cantar también, con toda la fuerza de nuestros pulmones. Nunca me había sentido tan feliz. Fue increíble. Mi padre cantaba con nosotros, mientras daba saltos de alegría, junto con otros enfermos que Jesús había curado allí mismo.

De pronto comprendí que estábamos en la misma presencia de Dios. Dios se encontraba allí, frente a nosotros. Y nosotros estábamos adorándole, porque era imposible no hacerlo.

De repente la escena cambió drásticamente. Los sacerdotes y encargados del templo no tardaron en volver. Sus caras estaban enrojecidas por el odio. "¡Estáis profanando el templo! ¡Dejad ya de saltar y gritar!" — nos gritaban. Un fariseo con voz enfurecida se acercó a mí y pensé que me iba a golpear, porque sus ojos desprendían fuego. Su puño apretado asestó un golpe en el aire. Luego se acercó a Jesús y le preguntó, desafiante: "¿Oyes lo que están diciendo estos niños?"

Todos dirigimos nuestras miradas a Jesús, esperando impacientes su respuesta. La tensión era casi insoportable.

En ese momento un rayo de luz iluminó la cara de Jesús, que sonrió y nos tranquilizó con su mirada serena. Dio un paso al frente y se agachó. Con sus dos manos tomó a uno de los niños pequeños y lo rodeó con sus brazos. El niño se acurrucó junto al pecho de Jesús, quien con voz tranquila pero llena de autoridad contestó al fariseo: "Sí, oigo lo que dicen estos niños. ¿No habéis leído en las Escrituras: "De la boca de los niños y de los que maman has perfeccionado la alabanza?""

Los sacerdotes y encargados del templo se miraron, furiosos. Balbuceando maldiciones, se dieron la vuelta y salieron del templo una vez más.

Aquel día ha quedado en mi memoria como el día más maravilloso de toda mi vida, el día que Jesús sanó a mi padre, y yo encontré a mi Dios.

El relato de Jesús limpiando el templo por segunda vez se encuentra en Mat. 21:12-16. De todos los pasajes bíblicos que hacen referencia a la alabanza y la adoración, éste es mi favorito. Me fascinan las palabras de Jesús, que responde a los enfurecidos sacerdotes y encargados del templo citando a David en Sal. 8:3 "¿no escuchasteis que fue dicho: 'de la boca de los niños y los que maman has perfeccionado la alabanza?'." Este es Dios mismo hablando sobre adoración. Jesús mismo, el centro de la adoración, explicando qué es, para Él, la alabanza "perfecta."

¿Por qué esta alabanza es perfecta para Jesús?

1. Dios toma la iniciativa. La palabra que Jesús usa en Mat. 21:16 para referirse a lo que los niños están haciendo es "alabar", en griego *aino*. La alabanza es una forma de adorar a Dios. Cuando adoramos, lo hacemos como respuesta a lo que Dios ya ha hecho por nosotros. Siguiendo el relato de Mat. 21, ¿por qué los niños, cojos y ciegos están cantando y saltando de alegría? Porque Jesús se ha acercado a ellos, los ha tocado, los ha sanado y los ha hecho libres.

La alabanza perfecta, para Dios, es la respuesta del hombre hacia lo que Él ha hecho por nosotros. La alabanza perfecta brota de un corazón que se ha encontrado cara a cara con el perdón, la gracia y la sanidad de Jesús. Ellen White escribe que "Dios es glorificado por los cantos de alabanza de un corazón puro, lleno de amor y devoción a él."[1]

2. *La letra de los cantos reconoce a Jesús como el Hijo de Dios.* ¿Qué están cantando los niños y los que han sido sanados? Curiosamente, están cantando la misma canción que horas antes habían entonado, mientras Jesús entraba triunfalmente a Jerusalén. ¿Por qué es importante la letra de la canción?

El centro de la adoración en la Biblia, desde el Génesis hasta el Apocalipsis, es Jesús, el Cordero de Dios que quita el pecado del mundo.

Los líderes religiosos del judaísmo no reconocieron a Jesús como el Mesías prometido. Durante el ministerio de Jesús, ellos le atacaron continuamente, poniendo en duda su autoridad, y cuestionando su origen (Juan 8:13-19). Sin embargo, cuando Jesús entra al templo para limpiarlo, los líderes religiosos huyen ante su autoridad.

La mirada penetrante de Jesús recorrió los profanados atrios del templo. Todos los ojos se fijaron en él. Los sacerdotes y gobernantes, los fariseos y gentiles, miraron con asombro y temor reverente al que estaba delante de ellos con la majestad del rey del cielo. [...] Tres años antes, los gobernantes del templo se habían avergonzado de su fuga ante el mandato de Jesús. Se habían asombrado después de sus propios temores y de su implícita obediencia a un solo hombre humilde. Habían sentido que era imposible que se repitiera su humillante sumisión. Sin embargo, estaban ahora más aterrados que entonces y se apresuraron más aún a obedecer su mandato. No había nadie que osara discutir su autoridad. Los sacerdotes y traficantes huyeron de su presencia arreando su ganado.[2]

---

[1] Ellen White, *Mensajes para los Jóvenes*, 292.
[2] Ellen White, *El Deseado de Todas las Gentes*, 535.

En un principio, cuando Jesús limpia el templo por segunda vez, los sacerdotes, fariseos y dirigentes del templo reconocen la autoridad de Jesús. Sin embargo, después de sentirse humillados por el humilde maestro de Nazaret, volvieron al templo con la misma actitud desafiante que los caracterizaba. Ofendidos al escuchar las canciones de los niños y ver los saltos de alegría, le dijeron a Jesús que el templo estaba siendo profanado.

> Después de un rato, los sacerdotes y gobernantes se atrevieron a volver al templo. Cuando el pánico hubo pasado, los sobrecogió la ansiedad de saber cuál sería el siguiente paso de Jesús. Esperaban que tomara el trono de David. Volviendo quedamente al templo, oyeron las voces de hombres, mujeres y niños que alababan a Dios. Al entrar, quedaron estupefactos ante la asombrosa escena. Vieron sanos a los enfermos, con vista a los ciegos, con oído a los sordos, y a los cojos saltando de gozo. Los niños eran los primeros en alegrarse. Jesús había sanado sus enfermedades; los había estrechado en sus brazos, había recibido sus besos de cariño agradecido, y algunos de ellos se habían dormido sobre su pecho, mientras él enseñaba a la gente. Ahora, con alegres voces, los niños pregonaban sus alabanzas. Repetían los hosannas del día anterior y agitaban triunfalmente las palmas ante el Salvador. En el templo, repercutían repetidas veces sus aclamaciones: "Bendito el que viene en nombre de Jehová." "He aquí, tu rey vendrá a ti, justo y salvador." "¡Hosanna al Hijo de David!" Estas voces libres y espontáneas eran una ofensa para los gobernantes del templo, quienes decidieron poner fin a esas demostraciones. Dijeron al pueblo que la casa de Dios era profanada por los pies de los niños y los gritos de alegría.[3]

¡Cuánto contraste! Mientras los sacerdotes, fariseos y guardianes del templo no reconocen la autoridad de Jesús, los niños y los enfermos le aclaman como Hijo de David y Mesías.

---

[3] Idem, 543-4.

3. *Los niños adoran a Jesús con alegre reverencia.* Te invito a imaginar esta escena conmigo. Estás en una iglesia cristiana. La directora del coro infantil está enseñando una canción alegre a los niños. Algunos niños comienzan a moverse y a saltar mientras están cantando, así que la directora les dice: "Niños, esta canción es para Jesús, así que tenemos que mostrar reverencia. ¡Eso significa que debéis estar quietitos y serios!"

Ahora te invito a imaginar una vez más, la escena de Mat. 21:12-16. Los sacerdotes, al volver al templo y ver el alboroto que se había formado, le increpan a Jesús: "Mira lo que están haciendo éstos!" Tengo la sensación de que si yo hubiera formado parte de esa escena, le hubiera dicho lo mismo a Jesús: "Jesús, ¡estos niños no están mostrando reverencia! ¡Están saltando y gritando! Diles que sean reverentes."

Mateo usa la palabra "aclamar" para describir lo que estaban haciendo estos niños. Es interesante notar que la palabra "aclamar" en griego (*krazo*) se traduce como gritar. Los niños estaban aclamando, es decir, cantando fuerte, con intensidad y emoción.

¿Por qué Jesús no reprendió a los niños? ¿Por qué, lejos de reprenderles, dijo que Dios había "perfeccionado la alabanza" a través de estos niños?

Al leer el relato en su contexto, vemos que Jesús defiende a los niños de la acusación de los líderes religiosos, porque entiende los cantos y los saltos de alegría de los niños como una expresión de adoración reverente.

Creo que los discípulos de Jesús en este siglo XXI necesitamos reflexionar en lo que verdaderamente significa la reverencia. El diccionario define reverencia como respeto o veneración que tiene alguien hacia otra persona. Conocer el verdadero significado de la reverencia es importante para entender cómo adorar a Dios. Nuestra adoración debe ser reverente, ya que es una expresión dedicada al Rey de reyes y al Señor de señores.

A la luz de la Biblia, la reverencia está íntimamente ligada al conocimiento de Dios. El conocimiento y la experiencia que el ser humano tiene con Dios le llevará a expresar la reverencia o el respeto por su creador.

En Sal. 2:11 el salmista expresa reverencia de dos formas: teniendo en cuenta la inmanencia y la trascendencia de Dios, es decir, el Dios trascendente que despierta nuestro más profundo respeto y el Dios cercano que despierta nuestra más profunda alegría:

"Sirvan al Señor con temor reverente
y alégrense con temblor."

Sobre ese punto, Doukhan observa:

> Demasiado a menudo, nuestros servicios de adoración están definidos por la reverencia o la alegría. Cuando se favorece la primera y se excluye la segunda, terminamos con una experiencia de adoración rígida y seca, en la que las emociones son prohibidas y la "verdad" reina suprema. Cuando hay demasiado énfasis en la alegría y excluimos la reverencia, la experiencia de adoración puede descontrolarse y tener más que ver con las emociones que con la verdad. Parece muy difícil encontrar una forma de combinar ambas actitudes. A lo largo de toda la historia de la iglesia cristiana este asunto ha dividido iglesias y teólogos. El secreto de una adoración aceptable radica precisamente en encontrar este equilibrio.[4]

En los últimos veinte años he visitado iglesias en diversos países, y encuentro algunas congregaciones defendiendo conceptos de reverencia que me preocupan, porque tienen más que ver con tradiciones y ritos humanos

---

[4] Lilianne Doukhan, *In Tune with God* (Hagerstown, MD: Autumn House, 2010), 99.

que con los principios expresados en la Palabra de Dios. Hemos leído que en el relato de Mat. 21:12-16 Jesús dice que los cantos y expresiones alegres de los niños son perfectos, porque brotan de un corazón que se ha encontrado con Dios.

En nuestros encuentros de adoración congregacional, debemos encontrar momentos para estar en silencio delante de la presencia de Dios. Es importante enseñar a nuestros niños que Dios es santo y que le debemos respeto, un respeto que nace de la comprensión progresiva de su carácter y de lo que Dios ha hecho por nosotros. Por otro lado, cuando adoramos como congregación también es importante tener momentos en los que se exprese la alegría que produce el encuentro con el Creador. Es una alegría reverente, consecuencia del fruto del Espíritu Santo que, lejos de crear confusión, grosería o sentimientos triviales, edifica a la iglesia.

Desde los inicios de la Edad Media, cuando la alegría fue descartada de los cultos de adoración, la iglesia cristiana sigue arrastrando un cierto falso sentimiento de culpa a la hora de adorar. Muchas veces la alegría se condena. He estado en iglesias cristianas donde hasta sonreír estaba mal visto. ¡Qué importante es que los niños y jóvenes vean en nosotros, los adultos, la inmensa alegría que produce el estar ante la presencia de Dios! ¡Qué importante es que ellos también encuentren un ambiente espiritual que les permita expresar su alegría sin ser juzgados! Así como los niños del templo se gozaron en la presencia de Jesús y dejaron que su alabanza fluyera de forma espontánea y libre, dejemos que el gozo, fruto del Espíritu Santo, llene nuestras iglesias. Ellen White, describiendo cómo adoraba el pueblo de Israel en las fiestas de las cabañas, dice que "el templo era el centro del gozo universal. Allí se preparaba la alegría de la fiesta."[5]

Cuando Jesús caminó entre nosotros, las personas que entraron en contacto con Él y le reconocieron como Dios tuvieron diferentes reacciones. María Magdalena cayó a sus pies, lloró y besó los pies del maestro. Ese fue un acto de adoración que Jesús aceptó, aunque Judas, Simón y otras personas que estaban alrededor no lo terminaron de entender (Juan 12:1-8).

Los niños del templo no fueron los primeros que saltaron de alegría cuando Jesús se presentó frente a ellos. Es curioso notar que Jesús, aún estando en el vientre de su madre María, ¡ya hacía saltar de alegría a aquellos que se encontraban con Él!

"Pocos días después, María fue de prisa a la zona montañosa de Judea, al pueblo donde vivía Zacarías. Entró en la casa y saludó a Elisabet. Al escuchar el saludo de María, el bebé de Elisabet saltó en su vientre y ella se llenó del Espíritu Santo. Elisabet dio un grito de alegría y le exclamó a María: Dios te ha bendecido más que a todas las mujeres y tu hijo es bendito. ¿Por qué tengo este honor, que la madre de mi Señor venga a visitarme? Cuando escuché tu saludo, el bebé saltó de alegría en mi vientre. Eres bendita porque creíste que el Señor cumpliría lo que te prometió." (Luc. 1:39-41)

Reverenciar a Dios es decirle: "Soy tu siervo, haz lo que quieras conmigo. Lo que tengo y lo que soy no me pertenece a mí, sino a ti. Soy tuyo." Cuando nos acercamos a Dios con un corazón humilde, empezamos a entender quién es Él, y en nuestra vida brotará la reverencia. Ésta se cultiva, no se obtiene de un día para otro. Se logra acercándose a Dios y dejando que Él mismo nos enseñe a reverenciarle.

---

[5] Ellen White, *El Deseado de Todas las Gentes,* 412.

Hace poco visité una sinagoga judía. Me pidieron que me quitara los zapatos antes de entrar, en señal de reverencia. Una vez dentro de la sinagoga, noté que el suelo estaba cubierto de arena. Me explicaron que la arena era un símbolo de nuestro paso por el desierto de la vida, hasta que lleguemos a la tierra prometida que Dios nos está preparando. En algunos países orientales quitarse los zapatos al entrar a un templo o sinagoga es todavía un acto de reverencia que recuerda lo que Dios le pidió a Moisés en la zarza ardiente.

Mientras escribía este capítulo, decidí preguntar a algunos amigos y amigas cristianos a través de mi página de Facebook qué es la reverencia para ellos, y estas son algunas de las respuestas que me enviaron y que quisiera compartir:

"Para mí, reverencia es entender quién es Dios y comportarse acorde a la multiformidad de su persona. Dios es estruendo y silencio, celebración y reflexión, espontaneidad y meditación... Por eso creo que una persona que inclina su cabeza en adoración durante cierta alabanza puede ser tan reverente como alguien que levanta sus manos."

Exequiel Ossandon, Chile.

"Reverencia es experimentar un profundo respeto y una emoción en tu interior, sabiendo que en ese momento Dios está muy cerca de ti."

Elena Carrera, España

"Reverencia es abrir el oído, consciente de que alguien más grande, el Rey del universo, va a hablarte."

Silvia Golubizky, Argentina

"Reverencia es gozarme en un Dios santo, fuerte, amoroso, misericordioso y justo. Lo reverencio en mis pensamientos y en mi conducta."

Yuniva Alexandra, México

"La reverencia no comienza en el comportamiento. Comienza en reconocer constante y concienzudamente que estamos todo el tiempo

en presencia de un Ser tan lejano en santidad pero tan cercano en amor hacia nosotros."

Saúl Heras, Estados Unidos

"Reverenciar es reconocer y maravillarme de que soy polvo organizado de forma espectacular por el Artista Omnipotente."

Danny Lemoine, México

"Es la respuesta y actitud del alma llena del Espíritu Santo, que reconoce la grandeza, poder, autoridad y dignidad de Dios por ser quien Él es."

Krister Pontvick, Suecia

"En Japón y en la cultura oriental en general, el concepto de reverencia está vinculado al sentido de servicio. Cuando reverenciamos a alguien le estamos diciendo: "Todo lo que es mío te lo entrego." Antiguamente, la reverencia ante un maestro en Japón era encargarse de él cuando fuera anciano y tú ya tuvieras tus ingresos. Ante una autoridad, uno se inclina hasta que siente que la cadera pierde el control sobre la parte alta de tu cuerpo. Reverencia en la cultura oriental siempre trata de una muestra de servicio. "Haz lo que quieras conmigo" y "lo que tengo o lo que soy no me pertenece a mí, sino a ti." En esta cultura he aprendido el nivel de humildad de corazón que implica reverenciar. He aprendido que la reverencia es algo que se cultiva, una actitud que te define y que no se logra de un día para otro. Llevándolo a nuestra vida con Dios, entiendo que reverencia es acercarse al Espíritu de la Palabra. Cuando te llenas de Cristo, tu vida comienza a ser reverente. Cambias el temor que implica miedo por el temor que implica amor reverente. Lo bello es que este concepto envuelve y afecta toda tu vida. Cuando vivimos con Jesús no experimentamos un momento de alabanza o de reverencia de vez en cuando, o un día a la semana, sino que vivimos una vida de alabanza y reverencia permanente. No practicamos la reverencia en un momento especial, sino que llevamos una vida reverente."

Ernesto Rodríguez, Japón

¿Cuáles son las formas apropiadas de expresar la adoración y la reverencia? En los últimos veinte años he

25

tenido que volver a redefinir mis ideas muchas veces, ya que Dios me ha mostrado, leyendo su Palabra con oración y humildad, que mis prejuicios, mis preferencias y mis opiniones personales pueden limitar e inhibir las expresiones de adoración de algunas personas que están viviendo una experiencia auténtica con Él. No debo imponer a otros un Dios que está hecho a la medida de mis gustos y mis costumbres. Dios es Dios. Jesús declaró que "el Padre y yo somos uno" (Juan 10:30) por lo tanto, para entender mejor al Padre hemos de estudiar y reflexionar en la vida de Jesús. Jesús y su forma de tratar a la gente. Jesús y sus enseñanzas. Jesús entrando al templo, limpiándolo de ritos vacíos y dándole prioridad a la salvación de los enfermos, de los pobres y de los niños. Jesús abrazando, tocando, besando, sanando, perdonando, restaurando. Jesús dando una razón para saltar de alegría y cantar con todo el corazón.

Muchas veces me he preguntado dónde estaría yo en la escena de Mat. 21:12-16. ¿Sería uno de los ciegos o cojos que necesitaban desesperadamente un milagro de Jesús? ¿Sería uno de los niños que saltó y cantó porque se dio cuenta de que Jesús era el Mesías, "Dios con nosotros"? ¿Estaría entre los sacerdotes y fariseos que se sintieron molestos por la supuesta falta de reverencia de los niños y se enfadaron con Jesús? ¿Qué sentiría Jesús si entrara este sábado a nuestra iglesia para adorar: ¿la misma aceptación que los niños le ofrecieron o la crítica de los dirigentes del templo?

Ojalá que nuestra experiencia con Jesús provoque tanto la experiencia de arrodillarse ante Él, en silencio, como la de saltar de alegría en su presencia. Ojalá que el Espíritu Santo derribe las barreras del prejuicio y nos llene del profundo gozo que sólo pueden experimentar aquellos a los que Jesús ha tocado, perdonado y salvado por su gracia, porque sólo los que nos hayamos encontrado cara a cara con la salvación de Jesús, podremos adorar en espíritu y en verdad.

CAPÍTULO 2
LOS MENSAJES DE LA MÚSICA

Su cabecita calva brillaba pálida bajo la luz de la lámpara. Raquel me miraba con los ojos más tristes que yo había visto nunca. Después de cinco meses de quimioterapia, aislada en una burbuja de plástico, había dejado de hablar. Sus padres, los médicos y enfermeras se comunicaban con ella con gestos del otro lado de la burbuja. Sólo tenía tres años.

El tratamiento hizo efecto, y Raquel comenzó a recuperarse poco a poco. Hacía sólo dos días que había sido trasladada a una habitación, sin la protección de la burbuja plástica. Ahora sí que podía escuchar las palabras de esperanza y las canciones de cuna de su madre que tanto había echado de menos. Pero la niña que hace un año no paraba de hablar, cantar y sonreír, ahora nos miraba asustada, sin pronunciar palabra alguna.

Por aquel entonces me encontraba haciendo un curso de musicoterapia. Mi profesora y yo, guitarra en mano, entramos en la habitación de Raquel. Mi profesora se sentó cerca de su cama y le regaló su mejor sonrisa. Con un suave sonido de acordes simples y mucha ternura en la voz, comenzó a cantar: "*¡Hola, Raquel, hola, hola!*" Luego sacó de su cartera una nariz de payaso grande y roja. Se la puso en la nariz, y siguió cantando, mientras movía su cabeza: *"¡Hola Raquel, hola, hola!"* La carita de Raquel se iluminó y la vimos sonreír. La emoción nos invadió a todos. La profesora nos había dicho que permaneciéramos en silencio y sonriéramos, relajados. No quería que Raquel se sintiera presionada. "En algún momento la música la desbloqueará, sólo hay que tener paciencia" — nos dijo.

Después de unos minutos, mi profesora dejó de cantar. Despidió a Raquel con una sonrisa y salimos de la habitación. "Normalmente, recuperar el habla les lleva entre dos a cinco días. He hecho esto muchas veces" — me dijo. Al día siguiente volvimos, de nuevo con la guitarra y nuestras narices de payaso en el bolso. *"¡Hola Raquel, hola, hola!"* — comenzó a cantar mi profesora. Una voz tímida repondió, con la misma entonación: *"¡Hola!"*

Los padres de Raquel no pudieron contener las lágrimas. Su hija había hablado, después de cinco meses de trauma post-operatorio.

En realidad, Raquel no había hablado, sino cantado. Los estudios de los músicoterapeutas que han participado en la rehabilitación de niños que experimentan traumas que les impiden hablar, muestran que cantar para ellos es más fácil que hablar. La música está íntimamente ligada a los afectos y las emociones, y para un niño es más fácil superar el bloqueo emocional cantando que hablando.

No conozco otro lenguaje que me llene más que la música. La música nos transporta a otros sitios, nos hace sentir más vivos, nos conecta con nosotros mismos, nos presenta mundos nuevos, despierta alegría y esperanza en nosotros, desbloquea traumas y cura depresiones. No es de extrañar que Ellen White describa la música como "la atmósfera del cielo."[6]

¿Qué es la música?

La música es fácil de sentir y experimentar; pero, ¿cuáles son las características que le dan sentido? ¿Cómo se podría definir con palabras? Y lo que más nos interesa en este capítulo: ¿Cómo se podrían usar los elementos de la música para adorar a Dios?

Comencemos por intentar definir la música. Me encantan las palabras del célebre escritor Víctor Hugo: "La música expresa todo aquello que no puede decirse con palabras y no puede quedar en el silencio."[7] Uno de los más ilustres maestros de la palabra reconoce que la música va más allá del lenguaje hablado o escrito. De hecho, la música también se conoce como el lenguaje del corazón.

Martín Lutero, el reformador protestante que además de ser un gran teólogo fue un excelente músico, declaró: "Después de la teología, ningún arte puede ser igualado con la música [...] es un don sublime que Dios nos ha regalado."[8]

El filósofo y músico Jean-Jacques Rousseau describió la música como el "arte de combinar los sonidos de una manera agradable al oído."[9] La definición de Rousseau fue durante muchos años la más citada en los manuales de la música, hasta que en el siglo XX comenzó a cuestionarse el significado de la expresión "agradable al oído." En Europa, las grandes obras musicales de los siglos XV-XIX fueron

---

[6] Ellen White, *Mensajes para los Jóvenes*, 206.

[7] Marva Barret, *Victor Hugo on Things That Matter: A Reader* (New Haven, CT: Yale University Press, 2009), 12.

[8] semla.org/portal/wp-content/uplods/2011/05/Lutero-y-la-música.pdf

[9] Jean-Jacques Rousseau: *Diccionario de Música*. Madrid: Akal, 2007, p. 288

escritas para contentar a los ricos y los poderosos, a las autoridades de la nobleza y del clero. La música, por lo tanto, debía ser "agradable al oído."

Ludwig V. Beethoven afirma que "la música es una revelación más alta que la ciencia o la filosofía." Ya a mediados del siglo XIX, Beethoven comenzó a escribir música que no pretendía entretener ni contentar; música que fluía de un alma libre de tantos compromisos y restricciones formales.

En el siglo XX, después de la primera y segunda guerra mundial, se escribieron muchas obras musicales que traducen la angustia y el vacío existencial que la tragedia de la guerra dejó plasmada en el alma del ser humano.

El gran compositor impresionista, Claude Debussy, define la música como "un total de fuerzas dispersas expresadas en un proceso sonoro que incluye: el instrumento, el instrumentista, el creador y su obra, un medio propagador y un sistema receptor."[10]

La definición de Debussy abarca un concepto más científico de la música, que refleja los avances de la ciencia en los terrenos de la biología, la física, la psicología y la tecnología durante el siglo XX.

Como hemos visto anteriormente, las definiciones de la música varían de una época a otra y de una persona a otra, dependiendo de numerosos factores. Por otro lado, la historia de la música generalmente se estudia desde la cultura occidental, haciendo énfasis en los autores anglosajones. Para llegar a una definición más completa de la música habría que analizar qué es el hecho sonoro, no

---

[10] Donald J. Grout y Claude V. Palisca, *Historia de la Música Occidental* (Madrid: Alianza Editorial, 2001), 845.

sólo desde el marco de la música occidental, sino también desde otras culturas distintas a la nuestra.

Los mensajes que componen la música

El propósito de este capítulo es analizar algunos principios que pueden ayudarnos a la hora de interpretar, escuchar o elegir música cristiana. J. S. Bach escribió que "el único propósito de la música debería ser la gloria de Dios y la recreación del espíritu humano."[11] Las palabras de Bach evocan el uso y propósito de la música en la cultura bíblica, ya que el pueblo de Israel, durante el período que abarca el Antiguo Testamento, no clasificaba la música en religiosa o secular. Para ellos toda la música era espiritual y estaba, de alguna manera, vinculada a Dios.

Te invito a reflexionar en algunos textos de la Biblia que mencionan principios relacionados con los diferentes elementos que componen el lenguaje de la música.

1. El mensaje musical

¿Cómo se combinan los sonidos y los silencios en la música?

¿Qué hace que la música sea bella o desagradable, trivial o profunda?

No es el propósito de este capítulo analizar extensivamente el mensaje musical, pero a manera de pincelada general diremos que los elementos que componen dicho mensaje son el ritmo, la armonía, la melodía, el timbre, la orquestación y la estructura del discurso musical. Estos elementos están asociados al sonido, la materia prima

---

[11] John Eliot Gardiner, *Bach: Music in the Castle of Heaven* (New York: Alfred Knopf, 2013), 126.

de la música. A continuación, veremos algunas referencias que encontramos en la Biblia y que arrojan luz sobre el tema del mensaje musical.

"Cantad a Dios un canto nuevo; hacedlo bien, tocando con alegría." (Sal. 33:3)

David, en el Salmo 33, no sólo nos invita a cantar a Dios, sino a hacerlo con creatividad, calidad y entusiasmo. Es importante plantearnos qué música cantar o tocar para cada ocasión, pero también lo es la forma de interpretarla. Aunque escojamos la música apropiada para la ocasión, si está mal interpretada, no causará el impacto deseado. Por otro lado, si la música se interpreta con calidad y entusiasmo, pero no es la apropiada para la ocasión, tampoco será efectiva.

Como instrumentista, David tuvo que practicar largas horas hasta convertirse en el mejor arpista de Israel. Cuando Saúl buscó a alguien que tocara el arpa, sus siervos le recomendaron al joven arpista (1 Sam. 16:15-18).

En una sociedad que promueve la gratificación inmediata y el esfuerzo mínimo con resultados rápidos, el arte de practicar instrumentos musicales es cada vez más difícil de encontrar. Las estadísticas nos confirman que para que un estudiante de música interprete un instrumento con cierta calidad, necesita dedicarle aproximadamente diez mil horas de práctica.[12] Esto significa que para hacer música de calidad no sólo es necesario el talento y la disposición de aprender; también es imprescindible desarrollar cualidades tales como la disciplina, la perseverancia y la determinación.

En la Biblia, la época dorada de la música ocurrió durante el reinado de David, quien organizó el ministerio musical en el templo. Los levitas encargados de la música

---

[12] Malcolm Gladwell, *Outliers: The Story of Success. The 10.000 Hour Rule* (NY: Little, Brown & Company, 2008), 35.

estudiaban este arte durante diez años, y no comenzaban a ejercer hasta los veinte o treinta años.[13] La música dedicada a Dios necesita un tiempo de entrenamiento, para poder ofrecer la mejor calidad que Él merece.

"Que todo lo que respira alabe a Jehová." (Sal. 150:6)
"Te alaben los pueblos, oh Dios, todos los pueblos te alaben." (Sal. 67:3)

¿Has cantado alguna vez el himno de tu país, junto a una gran multitud, antes de un evento que represente a tu patria? ¿Sientes que una emoción recorre todo tu cuerpo y al cantar te sientes vinculado a cada una de las personas que están cantando contigo? Aunque no les conozcas, la música os ha unido bajo una misma bandera.

La música tiene ese enorme poder de vincularnos y provocar que nos sintamos identificados con una causa común. Los países, los partidos políticos, los equipos deportivos y, por lo general, cualquier grupo de personas que quiera establecer una identidad corporativa, utilizan un canto o himno para intensificar y reafirmar el espíritu de unidad.

¿Por qué la Biblia repite en numerosas ocasiones, tanto en el Antiguo como en el Nuevo Testamento, la invitación a que cantemos todos juntos? ¿No es suficiente con que canten algunos, sólo los más preparados, tales como el coro de la iglesia, o un grupo selecto?

Dios nos invita a cantar como una familia unida. Una familia que experimente el vínculo de unidad en Cristo Jesús. Cantamos en respuesta a lo que Dios ha hecho en nuestras vidas. En la Biblia el canto congregacional se utiliza para fomentar la unidad y las buenas relaciones (Efe. 5:16),

---

[13] Véase 1 Crón. 23:24.

la edificación de la iglesia (1 Cor. 14:26), la expresión de alegría, el agradecimiento (Sant. 5:13) y el aprendizaje de la Palabra de Dios (Deut. 31:19).

Si bien es cierto que las obras musicales cantadas por solistas o agrupaciones vocales o instrumentales son partes importantes en la adoración congregacional, el canto en conjunto, en el que toda la iglesia se une para cantar, es la expresión más poderosa y necesaria. Recordemos que la Biblia nos invita a experimentar los beneficios de cantar juntos, "en perfecta armonía y como miembros de un solo cuerpo" (Col. 3:13, 14).

"Pues, si coméis, o bebéis, o hacéis otra cosa, hacedlo todo para la gloria de Dios." (1 Cor. 10:31)

¿Para qué cantamos? ¿Cuál es el propósito de la música religiosa? La Biblia nos enseña que Dios es el centro de nuestra adoración. No es la música, ni los músicos, ni los instrumentos, ni las luces, ni el vestuario. Jesús, el Cordero de Dios que quita el pecado del mundo, es el centro del culto y la adoración en la Biblia desde el Génesis hasta el Apocalipsis. El propósito de la música religiosa es exaltar a Jesús, reflejar su carácter, que es la gloria de Dios. Cuando la música religiosa no está centrada en Dios ni en su carácter, ha perdido su propósito y su razón de existir.

Cantamos porque Dios creó este bello lenguaje que es la música, y a través de ella le expresamos a Dios cuánto le amamos y agradecemos todo lo que es y hace por nosotros.

Que Dios nos dé sabiduría e inspiración para mantener a Jesús siempre en el centro de cada canción, interpretación instrumental, programa musical y producción de CD o DVD de música cristiana. Que nuestro lema sea el mismo con el que firmaba Johann S. Bach sus obras: *S.D.G.* (*Soli Deo Gloria*, ¡Sólo para la gloria de Dios!).

"Todo me es lícito, pero no todo me conviene. Todo me es lícito, pero no todo edifica." (1 Cor. 10:23)

La música en la Biblia también sigue este principio: en el pueblo de Israel hay música apropiada para diferentes ocasiones: celebración de bodas, funerales, la fiesta de la cosecha, la celebración de la pascua, la fiesta de las cabañas, la fiesta de las trompetas, etc.

El principio de la conveniencia o de lo que es apropiado para cada ocasión, debería ser tomado en cuenta también en las decisiones respecto a la música que forman parte de la vida de la iglesia.

En este sentido, podemos hacer una analogía entre la música y la vestimenta. No nos vestimos de la misma forma para ir a una boda que para ir de campamento, ni usamos la misma ropa para dormir que para ir a la iglesia.

La música, como lenguaje, crea diferentes atmósferas, de acuerdo a la ocasión. Es lo que se llama la funcionalidad en la música. Este principio es importante de tener en cuenta, ya que aunque Dios es siempre el mismo, las ocasiones en las que adoramos a Dios varían. La música, para ser efectiva, debe ser apropiada para la ocasión. "Todo tiene su tiempo, y cada cosa tiene su hora debajo del sol" (Ecl. 3:1).

Lo que es apropiado para una cultura puede no serlo para otra, y lo que es conveniente en una congregación puede causar confrontación en otras.[14] Pablo escribe en 1

---

[14] El documento oficial de la A. G. de la IASD, *Una Filosofía Adventista del Séptimo Día Sobre la Música* (2004) dice: "La música cristiana reconoce y acepta la contribución de diferentes culturas en la adoración a Dios. Las formas y los instrumentos musicales varían en gran manera dentro de la familia adventista del séptimo día mundial, y la música proveniente de una

Cor. 10:32, 33: "[...] no seáis tropiezo ni a judíos, ni a gentiles, ni a la iglesia de Dios; así también yo en todas las cosas agrado a todos, no procurando mi propio beneficio, sino el de muchos, para que sean salvos."

No es tarea fácil hacer que la música cristiana en nuestra iglesia sea apropiada o conveniente para todos los asistentes. Hemos de pedir la dirección del Espíritu Santo en cada decisión, tomando en cuenta la realidad de cada persona y la de la iglesia como comunidad, pero el principio bíblico de la conveniencia — o lo que es más conveniente — puede iluminar la toma de las decisiones más efectivas.

"¡Qué bueno es cantar alabanzas a nuestro Dios! ¡Qué agradable y apropiado!" (Sal. 147:1, NTV)

"Porque bueno es cantar salmos a nuestro Dios; porque suave y hermosa es la alabanza." (RV60)

¿Cómo es la música "agradable, apropiada, suave y hermosa", que le agrada a Dios? ¿Qué tipo de notas usa? ¿Cuál es el contorno de la melodía? ¿Qué armonías utiliza?

La Biblia no nos da respuestas a estas preguntas, así como tampoco nos da un listado de palabras correctas para usar cuando adoramos a Dios a través de la oración.

Jesús les dijo a sus discípulos que la verdadera oración no consistía en repetir palabras sin sentido ni en formalismos baratos y desprovistos de vida, sino en una actitud del corazón. "Y orando, no uséis vanas repeticiones como los gentiles, que piensan que por su palabrería serán oídos" (Mat. 6:7). Luego de esta advertencia, los discípulos le rogaron: "Señor, enséñanos a orar" (Luc. 11:1). Y el Maestro les enseñó la famosa oración del Padre Nuestro. Claro que, al hacerlo, Jesús no pretendía que sus oyentes se pusieran a memorizar la

---

cultura puede parecer extraña para alguien de una cultura diferente." (Véase el Apéndice I).

oración y la repitieran sin pensar, cual si fuera una fórmula mágica con la que solucionar los problemas de la vida. Eso sería caer en el mismo formalismo que los fariseos. Y no obstante, fue lo que sucedió con el tiempo.[15]

Así como las palabras son expresiones que intentan describir nuestros pensamientos, conceptos y emociones, la música también es un lenguaje que funciona de la misma forma. Como lenguaje, la música evoluciona y está íntimamente ligada al contexto social, histórico y cultural de las personas que la utilizan. Por eso Dios, en las Escrituras, nos da principios generales que debemos aplicar y contextualizar con la realidad que nos toca vivir como hijos suyos en un mundo en el que estamos llamados a brillar con su luz.

Moisés, Miriam, David, Salomón, Coré, Asaf y tantos otros hijos de Dios crearon música que fue una bendición para su generación y las posteriores. No tenemos registro del tipo de escalas, modos o melodías usadas pero el llamado no es a repetir lo que ellos hicieron, sino a traducir nuestra adoración con los recursos musicales del siglo en el que nos ha tocado vivir.

Jesús no menciona ni una palabra respecto a los recursos musicales que debiéramos utilizar en la adoración. Sin embargo, nos habla de la forma de relacionarnos con Dios y con nuestro prójimo, y cómo nuestra adoración será una expresión que refleje eso: nuestra conexión con Dios.

2. El mensaje verbal

El mensaje verbal consiste en las palabras o texto que acompaña a la música vocal. Una de las funciones más

---

[15] Ricardo Bentancur, *En Busca del Amor Perdido* (Nampa, ID: Pacific Press, 2015), 9-10.

importantes de la música religiosa es enseñar y transmitir el mensaje espiritual, lo que se consigue a través de la letra.

Moisés enseñó la ley a los hijos de Israel con música. Así fijó en sus mentes las palabras de Dios.

Jesús cantó desde niño, para aprender la ley y enfrentar las tentaciones.[16]

Pablo y Silas cantaron en la cárcel. Los mártires cristianos entregaron su vida cantando cantos que profesaban su fe en Jesucristo.

La Biblia está llena de referencias al canto sagrado, y contiene dos libros que son compilaciones de canciones: el libro de los Salmos y el Cantar de los Cantares. En la música cristiana, la letra debe resaltar por encima de la melodía, la armonía o el ritmo. Si el acompañamiento instrumental no deja que se escuche la letra de la canción o himno, se pierde el objetivo de la adoración. ¿Por qué? Porque la música cristiana transmite y enseña la Palabra de Dios. La música instrumental — también llamada acompañamiento — es complementaria. Como describe la palabra, el acompañamiento está diseñado para acompañar la parte principal que, en el caso de la música cristiana, es la letra.

---

[16] "A menudo [Jesús] expresaba su alegría cantando salmos e himnos celestiales. A menudo los moradores de Nazaret oían su voz que se elevaba en alabanza y agradecimiento a Dios. Mantenía comunión con el Cielo mediante el canto; y cuando sus compañeros se quejaban por el cansancio, eran alegrados por la dulce melodía que brotaba de sus labios. Sus alabanzas parecían ahuyentar a los malos ángeles, y como incienso, llenaban el lugar de fragancia. La mente de los que le oían se alejaba del destierro que aquí sufrían para elevarse a la patria celestial." (Ellen White, *El Deseado de Todas las Gentes*, 38-9).

¿Qué tipo de letras deberían ser usadas en la música cristiana? ¿Qué dice la Biblia al respecto? Analicemos juntos algunos de los principios que encontramos en la Biblia:

El principio de la creatividad

"Cantad al Eterno un canto nuevo." (Sal. 98:1)

En muchas iglesias encuentro personas que escuchan cantos cristianos de diversas denominaciones. Siento curiosidad por saber qué es lo que les atrapa de la música, lo que conecta con su necesidad espiritual. Cuando les pregunto y escucho con ellos las canciones que más les atraen, descubro que la mayoría de la veces lo que más buscan en la música cristiana es una letra significativa, con calidad poética. Letras creativas que conecten con sus corazones, que les muestren a un Jesús íntimo y personal. Tristemente, estas personas no encuentran, la mayoría de las veces, estas letras en muchos de nuestros cantos tradicionales.

La mayoría de nuestros himnos en español han sido traducidos del inglés o el alemán. Con frecuencia, las traducciones pierden calidad y frescura. Desafortunadamente, nos hemos habituado a cantar letras con rimas forzadas, frases gastadas y expresiones impersonales u obsoletas. Un ejemplo podría ser el himno favorito de Ellen White, *Cariñoso Salvador*.

Letra Original en Inglés	Tradución literal al español
Jesus, lover of my soul	*Jesús, amante de mi alma*
Let me to Thy bosom fly	*Déjame volar a tu seno*
While the nearer waters roll	*Mientras las aguas se agitan*
While the tempest still is high	*Mientras la tempestad es aún fuerte*
Hide me, O my Savior, hide	*Escóndeme, oh mi Salvador*
Till the storm of life is past	*Hasta que la tormenta de la vida pase*
Safe into the haven guide	*Segura, en el refugio del puerto*
O receive my soul at last	*Recibe mi alma al final*
Other refuge have I none	*Otro refúgio no tengo*
Hangs my helpless soul on thee	*Mi alma indefensa se aferra a ti*
Leave, ah! Leave me not alone	*No me dejes, ¡oh! No me dejes solo*
Still support and comfort me	*Apóyame y dame consuelo*
All my trust on Thee is stayed	*Toda mi confianza la pongo en ti*
All my help from Thee I bring	*Toda mi ayuda proviene de ti*
Cover my defenseless head	*Cubre mi cabeza indefensa*
With the shadow of Thy wing	*Con la sombra de tus alas*

La letra de este himno fue escrita por Charles Wesley, uno de los grandes compositores de músicas y letras de himnos del siglo XIX.

La traducción adaptada del himno al castellano del *Himnario Adventista* dice así:

Cariñoso Salvador
Huyo de la tempestad
A Tu seno protector
Fiándome de Tu bondad
Sálvame, Señor Jesús
De las olas del turbión
Hasta el puerto de salud
Guía Tú mi embarcación

Otro asilo aquí no hay
Indefenso acudo a Ti
Mi necesidad me trae
Porque mi peligro vi
Solamente en Ti, Señor
Hallo paz, consuelo y luz
Vengo lleno de temor
A los pies de mi Jesús

Esta excelente traducción al castellano fue hecha por Tomás Westrup (1837-1909) hacia finales del siglo XIX, y refleja expresiones del castellano de la época. Hoy, en el siglo XXI, no usaríamos estas expresiones para hablar con Dios en oración. Por otro lado, en este himno, Charles Wesley hace coincidir la frase musical (es decir, un conjunto de notas que tiene un significado completo, comparable a la estructura de la frase hablada en el lenguaje oral) con la frase de la poesía original. Es importante que la frase musical y la frase poética coincidan. En el caso de este himno – y de muchos - no se consigue después de haberlo traducido al castellano. La primera frase: "Cariñoso salvador, huyo de la tempestad", no tiene un significado completo, mientras que "Jesús, amante de mi alma, déjame volar a tu lado", sí que la tiene. Al leer la poesía en inglés, notamos que se ha perdido el sentimiento de intimidad personal con Dios, que es lo que a Ellen White le atraía de la poesía de Wesley.[17] Al orar a Dios, no le cantaríamos *"Cariñoso salvador, huyo de la tempestad a Tu trono acogedor, fiándome de Tu bondad."* No es una frase con la que una persona de nuestro siglo se comunicaría con Dios, así como tampoco "Tu bondad" u "olas del turbión" serían expresiones familiares que usaríamos en las oraciones hoy.

---

[17] Paul Hamel, *Ellen White and Music: Background and Principles* (Washington, D.C.: Review and Herald Publishing Association, 1976), 11.

Por eso, aunque cantar joyas del pasado tiene su valor, también hemos de considerar que el uso del lenguaje contemporáneo es necesario para que se produzca una comunicación significativa. Adquirir vocabulario y familiarizarse con expresiones antiguas del lenguaje no es el propósito de la adoración congregacional. Para adorar necesitamos hablar con Dios de forma honesta, con palabras que permitan expresarnos natural y genuinamente.

"Más de un canto es una oración," [18] escribió Ellen White. Si "orar es el acto de abrir el corazón a Dios como a un amigo,"[19] es importante que las palabras que hemos de usar sean íntimas y cercanas, palabras que expresen con sinceridad y autenticidad nuestro acercamiento a Dios.

Los Salmos de la Biblia son el mejor ejemplo de poesía sincera, y genuina. Son canciones escritas en forma de poesía. Muchas de estas letras son personales y subjetivas, y expresan un amplio abanico de emociones humanas. Sin embargo, los Salmos también contienen la verdad objetiva: hablan del carácter de Dios, de su ley, del plan de salvación, etc. Las Sociedades Bíblicas y las casas publicadoras de Biblias hacen un constante esfuerzo por parafrasear, actualizar y mantener vigentes las palabras de las Escrituras. ¡Ojalá hiciéramos lo mismo con nuestras canciones e himnos!

La Biblia nos invita a ser creativos, a cantar a Dios un canto nuevo. Nos cuenta de diversas ocasiones en las que los hijos y las hijas de Dios se sintieron inspirados por el Espíritu Santo y compusieron canciones para Él de forma

---

[18] "Como parte del servicio religioso, el canto no es menos importante que la oración. En realidad, más de un canto es una oración. Si se enseña al niño a comprender esto, pensará más en el significado de las palabras que canta, y será más sensible a su poder." Ellen White, *La Educación*, 168.
[19] Ellen White, *Manuscrito 8*, 1892.

espontánea. La invitación a ser creativos cuando adoramos a Dios a través de la música es una constante en la Biblia.

El argumento que algunos cristianos usan al afirmar que deberíamos cantar sólo las canciones del pasado no está fundamentado en la Palabra de Dios, sino en la tradición. La Biblia nos invita en numerosas ocasiones a ser creativos, a cantar un canto nuevo, a expresar nuestra adoración con la frescura de nuestra relación con Él, que se renueva cada día.[20]

Poetas, cantautores y compositores: esforcémonos por ofrecer a Dios letras que reflejen calidad y creatividad. Que la letra de nuestros cantos no sea el resultado de una mala traducción, o refleje la pobreza artística en el uso del lenguaje. La Biblia nos inspira a transmitir la verdad espiritual de manera auténtica y artística. El mundo necesita que la Palabra de Dios — inmutable y eterna —, sea traducida a un lenguaje actual, fresco y relevante.

El principio de la memorización

"Y estas palabras que te doy hoy se las repetirás a tus hijos y hablarás de ellas estando en tu casa, y andando por el camino, y al acostarte, y cuando te levantes." (Deut. 6:7-9)

Cuando Israel salió de Egipto, tras cuatrocientos años de cautiverio, Dios se esforzó por forjar una identidad en su pueblo. Le dio la ley a Moisés y le ordenó que la enseñara al pueblo. Dios mismo le pidió que cantara la ley al pueblo "repitiéndola a tus hijos y hablando de ellas estando en tu casa, y andando por el camino, y al acostarte, y cuando te levantes..."

---

[20] Por ejemplo, Sal. 96:1; 98:1; 149:1; Isa. 42:20; Éx. 15:1-20; Apoc. 14:3.

De acuerdo con estas palabras, Moisés instruyó a los israelitas a ponerles música a las palabras de la ley. Mientras los niños mayores tocaban instrumentos musicales, los menores marchaban y cantaban en concierto el canto de los mandamientos de Dios. En los años subsiguientes retenían en su mente las palabras de la ley que habían aprendido durante la niñez. Si era esencial para Moisés encarnar los mandamientos en el cántico sagrado, de manera que cuando marcharan por el desierto los niños pudieran aprender la ley versículo por versículo, cuán esencial es en este tiempo enseñar a nuestros hijos las Escrituras. Acudamos en ayuda del Señor, instruyendo a nuestros hijos a guardar los mandamientos al pie de la letra. Hagamos todo lo que esté de nuestra parte para hacer música en nuestro hogar, a fin de que el Señor pueda hacerse presente.[21]

Como diseñador de nuestro cerebro, Dios sabe que cuando el mensaje verbal es reforzado con el mensaje musical, la memoria retiene mejor la información, y los dos hemisferios de nuestro cerebro — el lógico y el sensible — trabajan simultáneamente para grabar el mismo mensaje. Dios ordenó que los hijos de Israel aprendieran su ley con música. De esta forma, la ley no sólo quedaría para siempre grabada en su memoria, sino que también se asociaría a una experiencia placentera, vinculada íntimamente a los afectos y a las emociones positivas, a través del canto. Las canciones que hemos aprendido en nuestra infancia todavía resuenan en nuestra memoria.

La musicoterapia utiliza esta poderosa propiedad de la música para retener información y favorecer el ejercicio y el incremento de la memoria a corto y largo plazo. ¡Hagamos todo lo que esté de nuestra parte para que nuestros niños y jóvenes memoricen la Palabra de Dios y sus verdades a través de la música! Sigamos el ejemplo bíblico de la memorización a través de las canciones religiosas. De la misma manera que este maravilloso don de la música se ha

---

[21] Ellen White, *El Evangelismo*, 364-5.

convertido en un recurso muy poderoso que los medios de comunicación masiva están utilizando para vender sus productos, y con ellos su ideología.

Seamos también estrategas e intencionales, como el pueblo de Israel, para que nuestros hijos y jóvenes puedan grabar la Palabra de Dios en sus corazones a través de una música cristiana de calidad.

El principio de la comprensibilidad

"...oraré con el espíritu, pero oraré también con el entendimiento; cantaré con el espíritu, pero cantaré también con el entendimiento." (1 Cor. 14:15,17)

En el siglo IV d.C., durante el concilio de Laodicea, la iglesia católica dictaminó que las letras de las canciones religiosas fueran tomadas exclusivamente del texto bíblico. El Papa Gregorio el Magno, en el siglo VI d.C., al sentar las bases del canto gregoriano, dispuso la misma regla: las letras religiosas deberían usar únicamente versículos bíblicos. De estos dos períodos, Edad Media y Renacimiento, proviene gran parte de la música religiosa que aún se escucha en el repertorio de la música coral religiosa, cuya letra está en latín (el idioma oficial de la iglesia católica en la Edad Media). Fue Martín Lutero, en el siglo XVI, quien decidió que las letras de la música religiosa debían ser traducidas al lenguaje vernáculo de cada pueblo, conteniendo la verdad teológica de las Sagradas Escrituras, expresadas de forma que conectaran con la gente común: letras que se acercaran a la realidad de las personas que acudían a la iglesia a adorar a Dios y que, durante cientos de años, habían sido privadas del canto congregacional, escuchando letras que repetían palabras o frases que, si bien eran bíblicas, eran cantadas en un idioma que la gran mayoría de la congregación no entendía.

Martín Lutero devolvió a la iglesia cristiana la alegría de cantar letras que transmitieran la verdad del evangelio en una forma poética, creativa y cercana al corazón de los adoradores. Lutero, entendió el texto de Pablo "... En la iglesia prefiero hablar cinco palabras con mi entendimiento, para enseñar también a otros, que diez mil palabras en lengua desconocida" (1 Cor. 14:18,19).

Este es un principio bíblico que no debemos olvidar: la letra de las canciones debe ser inteligible a la congregación. Recordemos que, al cantar, la dicción debe ser clara y comprensible. Para transmitir la verdad de la Palabra de Dios a través de la música, el mensaje del texto debe ser transparente, y sobresalir por encima del acompañamiento instrumental, si éste existiera.

El principio de la verdad

La música cristiana debe reflejar la teología cristiana. Este es un principio muy importante, ya que, como hemos mencionado antes, la música fija la letra en la memoria.

Jesús, en su encuentro con la mujer samaritana, le dice que "los verdaderos adoradores adorarán al Padre en espíritu y en verdad" (Juan 4:23, 24). La verdad es un elemento esencial y necesario en la adoración. Jesús dice en Juan 17:17: "Santíficalos en tu verdad; tu palabra es verdad", y en Juan 14:6 complementa el mismo principio añadiendo: "Yo soy el camino, y la verdad y la vida."

Al igual que la música, las letras de las canciones religiosas reflejan la época en la que el autor vive, su contexto cultural, su formación artística, su sensibilidad y, sobre todo, su relación con Dios. Hemos estudiado que las letras de los Salmos y otras canciones en las Escrituras reflejan la verdad objetiva de Dios (Jesús y su Palabra) desde una perspectiva subjetiva (las emociones y la razón humana). Es necesario que las letras de las canciones religiosas transmitan la verdad. Pero según Jesús, ¿qué es la verdad? La verdad es Él mismo, y su Palabra contiene la verdad.

El nuevo *Himnario Adventista*, publicado en 2009, revisó algunas letras que expresaban una doctrina confusa y cuestionable.

El himno *Hay un Mundo Feliz Más Allá* decía "donde cantan los santos en luz." Lo hemos cantado muchas veces, sin darnos cuenta de que refleja la teología protestante de la inmortalidad del alma ("los santos" que están cantando en el cielo son las almas de los salvos). Ahora dice: "Hay un mundo feliz más allá, donde ángeles cantan en luz." Se ha hecho esta revisión para que la letra esté de acuerdo con nuestras doctrinas.[22]

La última estrofa de *Castillo Fuerte* decía: "Que lleven con furor los bienes, vida, honor, los hijos, la mujer; todo ha de perecer; de Dios el reino queda." La letra daba la sensación de que era casi un pedido para que se llevara todo, incluyendo a los hijos y a la mujer, porque de cualquier manera todo ha de perecer. Para evitar esa idea, el himno ahora dice: "Si llevan con furor los bienes, vida, honor, no habremos de temer; todo ha de perecer, de Dios el reino queda."[23]

El coro del himno *Contendamos Siempre Por Nuestra Fe* decía: "Si sufrimos aquí, reinaremos allí." Parecía una idea bastante masoquista, dando a entender que a menos que el creyente sufra no podrá estar en el cielo. Ahora dice: "Si vencemos aquí, reinaremos allí," citando la promesa del

---

[22] Mi agradecimiento al Dr. Carlos A. Steger, director de la comisión editora del Himnario Adventista edición 2009 publicado por ACES, por cederme esta información y concederme permiso para compartirla.
[23] "Castillo Fuerte," Música Martin Lutero. Traducción al español, J. B. Cabrera. Himno 255. ACES, 1961. Bs.As.

Apocalipsis: "Al que venciere le daré que se siente conmigo en el trono" (Apoc. 3:21).

La Iglesia Adventista de habla hispana ha hecho un esfuerzo para que las letras del *Himnario Adventista* expresen la verdad teológica en la que creemos. Ojalá seamos conscientes de la importancia que tienen las letras de los himnos y canciones que utilizamos en la adoración, tanto individual como congregacional. Ellas testifican de nuestra fe y nuestra experiencia con Dios y necesitan estar basadas en la verdad de Jesús, expresada en la Palabra de Dios.

3. El mensaje asociativo

La música siempre ocurre en un contexto y en un lugar, rodeada por personas, olores, sensaciones, paisajes, y vivencias personales que se asocian al sonido. Los psicólogos llaman a esta propiedad asociativa de la música "sinestesia."[24]

Cada uno de nosotros asociamos la música que escuchamos con diferentes eventos de nuestra vida. La música no sólo está compuesta de notas y ritmos, sino también de recuerdos y asociaciones. Uno de los problemas que enfrenta la iglesia hoy es que, al escuchar un estilo o un instrumento musical, hay personas que lo asocian con recuerdos negativos, mientras que otras no tienen ese bagaje o asociación. Pero lo importante es: ¿Cómo podemos resolver este conflicto? He aquí un par de ejemplos.

Roberto tiene catorce años. Es cristiano y toca la guitarra eléctrica en su iglesia. Aprendió a tocar este instrumento con su padre, que es pastor y músico. A pesar de su juventud, Roberto es un cristiano maduro. Pasa sus primeras horas en las mañanas leyendo la Biblia, hablando

---

[24] *http://lema.rae.es/drae/?val=sinestesia*

con Jesús y tocando la guitarra como parte de su adoración personal. Cada día dedica tiempo a practicar la guitarra y los viernes por la noche practica tres horas con su equipo de alabanza. Cuando Roberto adora a Dios con su voz y su guitarra experimenta, más que nunca, una conexión íntima con su Creador. Tocar la guitarra para él es una forma de expresarse delante de Dios y compartir con su iglesia el talento que Dios le ha dado.

Manuel tiene sesenta y seis años. Es cristiano y toca el violín. Cuando Manuel tenía quince años, el fenómeno del *Rock'n Roll* había conquistado la sociedad. Los *Rolling Stones*, *Black Sabbath* y otros grupos roqueros ocupaban el escenario principal de la música secular, con un mensaje claramente anticristiano. La guitarra eléctrica era uno de los símbolos del movimiento *rock*. Como Manuel creció viendo y escuchando este fenómeno, ahora él asocia la guitarra eléctrica con "sexo, drogas y *Rock'n Roll*." A diferencia de Roberto, Manuel nunca usaría una guitarra eléctrica para alabar a Dios. De hecho, cuando ve y escucha a Roberto tocar su guitarra, Manuel se va del lugar. No puede dejar de asociar la guitarra eléctrica con los elementos antes mencionados.

La formación del mensaje asociativo es extremadamente subjetiva, ya que depende de las experiencias personales de cada individuo con la música. En las clases de música que enseño en la universidad, a menudo preparo audiciones de ciertas piezas musicales y pregunto a los estudiantes qué es lo primero que viene a su mente cuando escuchan esa música. Las respuestas son muy diversas e inesperadas. El conocido vals de Strauss, *Danubio Azul*, por ejemplo, es asociado por algunos estudiantes con la película de animación *La Edad de Hielo 1*; otros alumnos lo asocian con el estribillo del himno: *¿Has Oído el Mensaje?* Para otros, finalmente, es simplemente una pieza musical del romanticismo vienés, etc.

Si bien la música es un idioma universal, el significado de dicho lenguaje no es universal. Varía significativamente e incluso puede tener una semántica opuesta, dependiendo de las asociaciones de quien la escucha. Mientras que para algunas personas representa una música religiosa de alta calidad que les eleva a Dios, para otras es la misma música les transporta a un pasado de pecado. Lo que para algunos es una canción que toca su corazón, para otros es música de telenovela, y la lista es interminable.

La música no tiene un "significado intrínseco" que pueda ser entendido por todas las personas de la misma forma y en cualquier tiempo y lugar. Por lo tanto, las asociaciones le dan un significado a la música, y éstas varían con el tiempo. La música para órgano, por ejemplo, era usada en los circos y fiestas romanas en los siglos II y III. En el siglo XVIII, todavía no se aceptaba el órgano en muchas iglesias cristianas, por tener connotaciones paganas. En nuestro siglo el órgano es considerado el rey de los instrumentos litúrgicos en el mundo cristiano, y está estrechamente asociado a las catedrales y los templos. Si las asociaciones nunca hubieran cambiado, el órgano todavía hoy se asociaría con la música de fondo que escuchaban los mártires cristianos que morían en el circo romano y deberíamos sacar el órgano de nuestras iglesias por ese motivo.

Las asociaciones varían con el tiempo, porque la civilización, la cultura y los eventos que rodean a la música también cambian. El siglo en el que vivimos es particularmente complejo, porque la tecnología avanza a un ritmo trepidante, y la música está muy vinculada a la tecnología; por lo tanto, las asociaciones cambian más rápidamente que nunca antes en la historia de la humanidad.

Continuamente, dialogo con cristianos que se sienten indignados al escuchar que "todo cambia" y que la música

se debe adaptar a los tiempos. "Pero Dios no cambia" —
razonan — "y la forma de adorarle no debería cambiar
tampoco. A Dios le agrada siempre lo mismo. Eso no
cambia."

La música es un lenguaje, así como el lenguaje hablado.
Dios no usó el mismo lenguaje para hablar con Adán que
con Pablo, con Agar o con Noemí, con Ellen White o con
alguien que viva en Japón, Sudáfrica o Brasil. Dios — cuyo
carácter y esencia son los mismos ayer, hoy y por los siglos –
– ha usado y sigue usando diferentes lenguajes para
comunicarse con la humanidad, adaptándose a su cultura y a
su realidad, al mundo y al tiempo en los que nos ha tocado
vivir.

Volviendo a la experiencia de Roberto y Manuel, ¿cómo
podríamos resolver su situación? Roberto asocia la guitarra
eléctrica con Dios, la iglesia y la música cristiana. Manuel
asocia el mismo instrumento con el movimiento *rock* de los
años '60 y todo lo que éste conlleva.

La Biblia no tiene ninguna referencia a discusiones entre
los miembros de iglesia por causa de instrumentos o estilos
musicales, pero sí menciona en Rom. 14 los debates y
divisiones causados por la comida. Los principios que aplica
Pablo al debate me parecen totalmente oportunos para
aplicarlos a la situación entre Roberto y Manuel:

"Acepten a los creyentes que son débiles en la fe y no discutan
acerca de lo que ellos consideran bueno o malo. Por ejemplo, un
creyente piensa que está bien comer de todo; pero otro creyente, con
una conciencia sensible, come solo verduras. Los que se sienten libres
para comer de todo no deben menospreciar a los que no sienten la
misma libertad; y los que no comen determinados alimentos no
deben juzgar a los que sí los comen, porque a esos hermanos Dios los
ha aceptado. ¿Quién eres tú para juzgar a los sirvientes de otro? Su
amo dirá si quedan en pie o caen; y con la ayuda del Señor, quedarán
en pie y recibirán la aprobación de él." (Rom. 14:1- 4)

"Es cierto, cada uno de nosotros tendrá que responder por sí mismo ante Dios. Así que dejemos de juzgarnos unos a otros. Por el contrario, propónganse vivir de tal manera que no causen tropiezo ni caída a otro creyente (...) Pues el reino de Dios no se trata de lo que comemos o bebemos, sino de llevar una vida de bondad, paz y alegría en el Espíritu Santo. Si tú sirves a Cristo con esa actitud, agradarás a Dios y también tendrás la aprobación de los demás. Por lo tanto, procuremos que haya armonía en la iglesia y tratemos de edificarnos unos a otros." (Rom. 14:12-13, 17-1)

Pablo afirma en el contexto de Rom. 14 que el hermano fuerte es aquel que tiene madurez en Cristo y vive en la libertad de la gracia. Por el contrario, el hermano débil es el que no siente la misma libertad y se siente condenado por su conciencia, en ciertos asuntos en los que el hermano fuerte no percibe un problema.

Muchos fariseos y sacerdotes judíos se sintieron ofendidos porque Jesús comía con los pecadores, tocaba a los leprosos y era amigo de prostitutas y publicanos. Jesús no dejó de hacer lo que hacía por no ser piedra de tropiezo para los fariseos y sacerdotes. Jesús estaba convencido de que asociarse con los pecadores era parte de su misión. Sin embargo, Jesús nunca pecó, aunque provocó la crítica de los religiosos de su época al "violar" el Sábado, hablar con mujeres samaritanas y revolucionar el servicio de adoración del templo.

En el caso de Roberto, él no cree que esté haciendo nada malo o inapropiado al tocar su guitarra eléctrica para adorar a Dios en la iglesia. Está en paz con Dios y su conciencia y experimenta el amor y la presencia de Dios al adorarle con su voz y su guitarra, con un espíritu humilde y entregado a Dios. Por otro lado, nuestro hermano piensa que su misión es romper las barreras del prejuicio y permitir que los instrumentos amplificados lleguen a formar parte de la adoración congregacional, porque tiene amigos jóvenes que ya no van a la iglesia porque no les dejan participar con sus instrumentos amplificados. Con su posición está intentando traer las nuevas generaciones a Cristo.

En el caso de Manuel, su asociación de la guitarra eléctrica con el *Rock'n Roll* es comprensible, pues es lo que le tocó vivir en los años '60 y '70. Sin embargo, después de cincuenta años, la guitarra eléctrica ya no se asocia sólo a la música *rock*, sino también a la música celta, folkórica, popular, académica (o clásica), y por supuesto también a la música cristiana contemporánea.

Manuel necesita dejar las asociaciones de su pasado atrás y comprender que no es justo condenar a Roberto por sus asociaciones personales, ni hacer de su experiencia pasada o sus preferencias personales la norma para la toda la congregación. Esto es parte de su madurez como cristiano. Para el que está en Cristo, "las cosas viejas pasaron, he aquí todas son hechas nuevas" (2 Cor. 5:17).

Roberto también necesita mostrar tolerancia y amor cristiano hacia Manuel. Vestir con una camiseta con iconos de ídolos del *rock*, lucir una pegatina de un grupo *pop* o *rock* en la guitarra o tocar el instrumento como si estuviera en un concierto de estos tipos sería totalmente inapropiado en el momento de la adoración congregacional. Roberto debe ser consciente de que hay personas en su congregación que pueden ser sensibles a la asociación de la guitarra con estilos de música seculares. Aunque lo mismo pasó en su época con el violín, el piano, el órgano y prácticamente todos los instrumentos musicales, la inclusión de la guitarra eléctrica en la música cristiana es reciente, y hemos de ser cuidadosos de no herir susceptibilidades.

Así como cuando escuchamos el órgano en la iglesia no estamos asociándolo con el martirio de los cristianos del primer siglo de nuestra era ni con la Roma pagana, los jóvenes que tienen quince o veinte años, cuando escuchan la guitarra eléctrica no la asocian con el *rock* de los '60 o '70. El resultado es que se ha creado una nueva asociación para ellos.

La iglesia, como institución, no es estática, sino dinámica. Está compuesta por personas de diferentes generaciones que tienen distintas asociaciones con la música. ¿Es posible adorar juntos, si nuestras asociaciones con el mismo tipo de música pueden llegar a ser totalmente opuestas? Por supuesto que es posible, pero para ello, necesitaremos dialogar y poner en práctica los frutos del Espíritu: amor, gozo, paz, paciencia, benignidad, bondad, fe, mansedumbre y dominio propio.

> Al tratar el tema del canto congregacional en la adoración, el tópico de las asociaciones se hace aún más complejo, ya que cada individuo que es parte de la comunidad viene de un contexto cultural diferente, o un estilo de vida diferente, y, por tanto, cada persona tendrá asociaciones diversas conectadas con este o aquel estilo de música. ... Encontrar culturas musicales distintas a la nuestra debería estimular nuestra búsqueda de una mejor comprensión de estas culturas musicales como expresión de una espiritualidad similar a la nuestra, aunque el mensaje sea expresado en un lenguaje diferente. Debería despertar nuestro interés en entender y respetar otras culturas musicales, que pueden enriquecer nuestro lenguaje y nuestra experiencia musical.[25]

Mi percepción de un instrumento, un estilo musical, un acompañamiento, un acorde o un giro melódico puede no ser la misma que la de una persona de mi edad, y mucho menos la de un niño o un joven. No obstante, seamos conscientes y respetuosos de esta realidad, y no hagamos de nuestras asociaciones personales una regla de conducta o gustos similares para otras personas. Los adultos no tenemos el derecho, de cargar a las nuevas generaciones con

---

[25] Doukhan, *In Tune with God,* 66.

nuestras asociaciones del pasado, nuestros traumas o recuerdos dolorosos del pasado. Muchos jóvenes no encuentran el espíritu de Jesús en nuestras congregaciones, y dejan de asistir a la iglesia porque se sienten atacados y condenados cada vez que intentan participar o encontrar un espacio para expresarse en la comunidad de la iglesia.

Por otro lado, los jóvenes también necesitan ejercitar un mayor grado de tolerancia y paciencia para con las generaciones adultas, integrando sus himnos favoritos como parte de la adoración y entendiendo que ciertos cambios que son tan naturales para ellos representan todo un desafío para las generaciones más adultas.

Parafraseando al apóstol Pablo en Rom. 14:17-19, propongo sustituir el debate de los alimentos por el de la música:

> *"Pues el reino de Dios no se trata del instrumento musical que toques o el estilo de música que interpretes, sino de llevar una vida de bondad, paz y alegría en el Espíritu Santo. Si tú sirves a Cristo con esa actitud, agradarás a Dios y también tendrás la aprobación de los demás. Por lo tanto, procuremos que haya armonía en la iglesia y tratemos de edificarnos unos a otros."* (Rom. 14:17-20)

Por consiguiente, cuando nuestro corazón está afinado con la voluntad de Dios, la música que hacemos es de bendición para la gente que nos escucha y, como resultado, reflejará el carácter de Jesús, más allá de las asociaciones y preferencias particulares.

4. El mensaje visual

Imagínate que ves en un escenario a un grupo de hombres con chaquetas y pantalones blancos y dorados, sombrero negro de ala ancha con vistosos bordados, guitarras, trompetas y violines. Ya casi puedes escuchar el sonido mariachi, aunque todavía no han empezado a tocar. ¿Te has dado cuenta de que cada estilo musical tiene una vestimenta que lo representa? Los artistas invierten mucho dinero en un asesor de imagen, que les ayude a encontrar la ropa que vaya acorde al mensaje musical que quieren transmitir. ¿A qué se debe?

Vivimos en la sociedad de la imagen. El mensaje visual es una parte importante de lo que comunicamos, y la música cristiana no es una excepción. Ya en el Antiguo Testamento los levitas y sacerdotes del santuario tenían una vestimenta singular, acorde a la función que realizaban. La vestimenta representaba la tarea santa a la que eran llamados.

El mensaje visual afecta sensiblemente a la adoración congregacional. Algunos puntos a tener en cuenta, que nos pueden ayudar a que el mensaje visual esté en sintonía con el mensaje musical y verbal, son los siguientes:

a. La vestimenta de las personas que dirigen la adoración debe ser adecuada para la ocasión. La ropa que no es apropiada puede ser un elemento distractor que impida a la congregación concentrarse en la adoración.

b. Si se usan pantallas para proyectar, es crucial asegurarse de que la persona encargada tenga el material que necesita y conozca los cantos. Si la letra no se proyecta de forma sincronizada se genera confusión, ansiedad, frustración, y se arruina el momento de la adoración.

c. En los momentos de práctica, es necesario repasar las presentaciones de las letras. Es aconsejable simplificar los iconos y las imágenes excesivas o distractoras. Cuando se proyectan demasiados elementos en la pantalla, a la gente le cuesta enfocarse en la letra. Recuerda que ésta debe ser predominante en la música cristiana.

5. El mensaje del sonido amplificado

Desde la segunda mitad del siglo XX muchas congregaciones han incorporado sistemas de sonido y amplificación en sus templos. Los micrófonos, altavoces, mesas de mezclas, etc. se han convertido en elementos imprescindibles para la adoración, y la forma en que se usa el sonido es clave para que la adoración congregacional sea inspiradora y efectiva. Por otro lado, cuando el sonido falla, el ambiente de la adoración se ve sensiblemente afectado.

A continuación, vamos a explorar algunos aspectos que podemos tener en cuenta para mejorar u optimizar este aspecto técnico tan importante de la adoración.

La importancia del entrenamiento

La persona o el equipo que está trabajando en el sonido de una iglesia realiza un trabajo tan importante como la persona que está dando el mensaje a la iglesia, ya sea mediante un canto, una oración, un testimonio, o la presentación de la Palabra de Dios. Por este motivo, es crucial que las personas a cargo del sonido reciban entrenamiento.

Existen sonidistas profesionales y tiendas de sonido que ofrecen cursos de entrenamiento para los encargados de la iglesia. Un curso de manejo del equipo de sonido puede hacer una gran diferencia en la calidad y el resultado de la adoración en tu iglesia.

Hoy día, el sonido es un campo altamente especializado. Un técnico de sonido profesional debería encargarse de la selección, instalación y conexión del equipo.

Crear un manual de funcionamiento

Algunas iglesias tienen un manual de procedimientos básicos del equipo de sonido que incluye las directrices más esenciales. Esta medida es muy útil. Si una lista de instrucciones — incluyendo diagramas o fotos — están expuestas a la vista, son de gran ayuda, sobre todo cuando hay programas en los que los encargados del sonido no pueden estar presentes.

Organizar el material

Etiquetar con colores la mesa de mezclas y los micrófonos ayuda y agiliza el trabajo.

Prueba de sonido

Antes de un programa o participación musical es imperativo que se realice una prueba de sonido. Nivelar la ecualización de los instrumentos, el volumen de los micrófonos, el equilibrio de las diferentes fuentes sonidos y la espacialización, es imprescindible para el buen funcionamiento de la experiencia musical.

Todas las participaciones son importantes

Es fundamental que el equipo de sonido esté formado por varias personas, y que éstas actúen organizadamente, ya que la atención del sonido debería ser igual — en calidad y proporción — para todos los servicios de la iglesia y lugares donde ésta se reúne. Con frecuencia le damos mucha relevancia al culto divino y le restamos importancia al resto de servicios y ministerios que se desarrollan en la iglesia.

El equipo de sonido es un ministerio

La Biblia dice que Dios ha repartido talentos a cada uno de sus hijos. Cuando ponemos nuestros talentos en las manos de Dios, Él los transforma en dones espirituales. El sonido, en el siglo XXI, se ha convertido en un ministerio muy importante dentro de nuestras iglesias. La persona a cargo del sonido en la iglesia necesita reflejar el espíritu de servicio de Cristo Jesús, al igual que cualquier otro puesto de liderazgo en la iglesia.

La adoración es la expresión del ser humano ante el amor de Dios. Cuando los cristianos nos reunimos para adorar, el estudio de la Palabra de Dios, los cantos, las oraciones, y los testimonios nos llevan a expresar individualmente y como familia nuestra reverencia a Dios; es nuestro amor y nuestro deseo de permanecer en su presencia. El ministerio audiovisual es una parte importante de la experiencia de la adoración. Como iglesia necesitamos ser más responsables respecto a este ministerio y hacer un esfuerzo intencionado y deliberado, invirtiendo en recursos materiales y humanos, así como en una mejor formación con el fin de lograr una adoración excelente, que represente al Dios excelente que es el centro de nuestra adoración.

Conclusión

La música es un lenguaje poderoso, compuesto por diferentes mensajes que se combinan simultáneamente. Tanto el mensaje musical como el verbal, el visual, el asociativo y el del sonido amplificado debieran trabajar en armonía y delicado equilibrio para llevar a la congregación a una experiencia de encuentro personal e íntimo con Dios. Estos mensajes que conforman la música no serán interpretados de la misma forma por todos los que la escuchen. Debería ser nuestro esfuerzo y nuestra oración pedir a Dios sabiduría para utilizar los mensajes de la música de forma que el carácter de Jesús sea manifestado, y que la música refleje nuestra experiencia personal con el Padre celestial.

CAPÍTULO 3

DE LOS SALMOS AL HIMNARIO: BREVE RESEÑA HISTÓRICA

Quizás alguna vez te hayas preguntado cómo sonaba la música que cantaba y tocaba David, o las canciones que cantó Jesús. ¿Sería la música de los tiempos bíblicos muy diferente de la que cantamos hoy? ¿Qué cambios ha sufrido la música religiosa a través de la historia?

En este capítulo haremos un breve recorrido por la historia de la música religiosa y los cambios más significativos que ésta experimentó desde los Salmos hasta nuestro siglo.

Los Salmos

El libro más largo de la Biblia es el libro de los Salmos; una compilación de ciento cincuenta poesías para ser cantadas en adoración a Dios.

Los Salmos nos cuentan de un encuentro vivo e íntimo entre el hombre y Dios. En sus versos el salmista vuelca su angustia y sus miedos, pero también rompe en un grito de alegría al experimentar el amor y el perdón de Dios. Los autores de los Salmos llevan ante la presencia de Dios toda su vida. No se dejan nada. "Que todo lo que soy alabe al Señor", escribe David en el Salmo 103, "con todo el corazón alabaré su santo nombre. Que todo lo que soy alabe al Señor; que nunca olvide todas las cosas buenas que hace por mí" (Sal. 103:1-2, NTV).

Los Salmos son considerados poesía religiosa de alta calidad. Las metáforas que usan para expresarse delante de Dios, por ejemplo, son verdaderas joyas literarias. [26] Es conmovedor ver cómo estas poesías llegan a nosotros con una vigencia absoluta, a pesar de haber sido traducidas desde realidades culturales y momentos históricos tan distintos al nuestro. Las palabras de los Salmos todavía nos invitan a buscar a Dios honesta y profundamente. Robert E. Webber escribe: "Con frecuencia, el salmista no busca nada, ni pedir ni agradecer, sino simplemente adorar, y también esto es parte de la vida. Adorar es la tarea esencial en un creyente."[27]

David repite cinco veces en sus Salmos: "Cantad a Dios un canto nuevo." ¿Por qué nos invita a cantar cantos nuevos? Indudablemente David fue el mayor poeta y compositor de Israel, amado por su pueblo, quien se dirige a él como "el dulce cantor de Israel."[28] Él componía cantos nuevos constantemente. Su amor, arrobamiento y necesidad de Dios son tan grandes, que hasta por las noches permanece despierto para componerle una canción al Eterno:

---

[26] Robert E. Webber, *Ancient–Future Worship* (Grand Rapids, MI: Baker Books, 2008), 50.

[27] Ignacio Larrañaga, *Salmos Para la Vida* (Madrid: Ediciones San Pablo, 1994), 15.

[28] Éstas son las palabras postreras de David. Dijo David hijo de Isaí, aquel varón que fue levantado en alto, el ungido del Dios de Jacob, el dulce cantor de Israel: (2 Sam. 23:1 RVR, 1995).

"Recostado, me quedo despierto pensando y meditando en ti durante la noche. Como eres mi ayudador, canto de alegría a la sombra de tus alas." (Sal. 63:6, 7)

David nos invita a cantar un canto nuevo porque su experiencia con Dios se renueva cada día. Cada día se presenta delante de Dios y se entrega a Él en una oración cantada:

"Oh Señor, óyeme cuando oro;
presta atención a mi gemido.
Escucha mi grito de auxilio, mi Rey y mi Dios,
porque sólo a ti dirijo mi oración.

Señor, escucha mi voz por la mañana;
cada mañana llevo a ti mis peticiones
y quedo a la espera." (Sal. 5:1-3)

Los Salmos son las primeras canciones religiosas expresadas por el pueblo de Dios de las que se guarda registro. Su frescura, su profundidad y su autenticidad nos inspiran a no caer en la rutina de la repetición o las fórmulas gastadas cuando nos presentamos delante de Dios. Una experiencia fresca con Dios resulta en la creación de una expresión de adoración nueva, recién salida del horno de nuestra íntima relación con Él.

Los Salmos conectaron íntimamente con el pueblo de Israel, porque fueron escritos por personas que ellos conocían, tales como Moisés, Asaf, Coré, Jedutún, David, Salomón, etc. Estos líderes del pueblo judío gozaban de una relación cercana a Dios, y transmitían esa relación a través de la poesía y la canción sagrada. Por eso los Salmos comunicaban un significado y una relevancia total para el pueblo de Israel: el pueblo conocía de cerca a sus autores.

Los Salmos contienen un elaborado equilibrio entre lo que los teólogos llaman la verdad subjetiva y la objetiva. La verdad subjetiva se refiere al hecho de que los Salmos son poesía, están llenos de creatividad y reflejan los sentimientos personales de sus autores. Por otro lado, contienen la verdad objetiva, que es la que enseña la verdad sobre Dios.

El componente objetivo de los Salmos se encuentra en los temas, los tópicos que son tratados. A esto se le llama la verdad objetiva. Los Salmos nos hablan de la historia y la esperanza del Mesías de Israel, de la ley de Dios, de su gracia a través de la salvación, de la creación, del juicio, de exhortación profética, del reino de Dios, de la adoración, incluyendo un número de Salmos litúrgicos que sitúan al creyente a las puertas del santuario.[29]

Esta compilación de los Salmos que encontramos en las Sagradas Escrituras fue el repertorio de canciones que se utilizaron en el culto de Israel por más de diez siglos.

Cuando Jesús caminó sobre esta tierra, cantaba a menudo. El evangelista Marcos hace referencia a Jesús cantando con sus discípulos para finalizar el rito de la última Pascua. "Y después de cantar el himno, Jesús y sus discípulos se fueron al Monte de los Olivos" (Mar. 14:36). Los eruditos coinciden en que el himno al que se refieren Mar. 14:36 y Mat. 26:30 es el *Hallel*, que corresponde a los Salmos 116-118. Era una costumbre judía finalizar el rito de la Pascua con estos Salmos.

Me resulta conmovedor imaginar a Jesús cantando estas poesías que en algunas frases hacen referencia a su propia persona: "La piedra que desecharon los edificadores ha venido a ser cabeza de ángulo. De parte de Jehová es esto, y es cosa maravillosa a nuestros ojos" (Sal. 118:22, 23). Las últimas palabras que cantó Jesús fueron seguramente las palabras del Salmo 118: "Me empujaste con violencia para

---

[29] Doukhan, *In Tune with God*, 101-102.

que cayese, pero me ayudó Jehová. Mi fortaleza y mi canción es Jehová, y Él me ha sido por salvación."

Salmos, himnos y cantos del espíritu

Cuando Jesús resucita y asciende a los cielos comienza una nueva etapa para sus seguidores. Pablo, el apóstol que Dios escogió para evangelizar a los gentiles, en Col. 3:16 y Efe. 5:19, invita a los primeros cristianos a expresar su adoración a Dios a través de "salmos, himnos y cantos espirituales." Es la primera referencia bíblica en la que se nombra diversidad de estilos musicales como parte de la adoración a Dios. Si bien estudiaremos el tema de los estilos musicales en el capítulo 5, quisiera hacer una breve referencia al hecho de que Pablo motiva a la iglesia cristiana primitiva a usar no sólo los Salmos, sino también los himnos y cánticos espirituales en su repertorio. Los Salmos representan la liturgia judía, la forma musical que el pueblo de Israel recibe como legado de sus patriarcas, levitas y reyes. Los himnos y cánticos espirituales, en cambio, comparten terreno en común con las culturas gentiles, especialmente la griega, la romana y la asiática.[30]

---

[30] Stephen G. Wilson, *Early Christian Music in Common Life in the Early Church*, (Harrisburg, PA: TPI 1998), 398. La tradición judía siempre había incorporado música dentro de su liturgia y a pesar de los cambios que el judaísmo sufrió durante el surgimiento del cristianismo, ese aspecto ritual de su tradición estuvo inherente en la comunidad cristiana. Los nuevos miembros no judíos de la comunidad cristiana habían estado expuestos a varios ritos musicales en sus propios cultos de adoración. Por lo tanto, las dos culturas más influyentes en la música de la iglesia cristiana primitiva mantuvieron prácticas musicales de varias clases y fue casi imposible para la cristiandad ignorar ese aspecto de su vida cotidiana. Así que incorporaron algunos ritos musicales, alteraron otros y prohibieron otros; sin embargo, el punto más importante es que la música fue importante en el contexto del cristianismo desde sus inicios. La música cristiana y la práctica de la música cristiana tuvieron influencias de las comunidades judías y de una variedad de prácticas de los cultos griegos y romanos.

Seguramente Pablo se hubiera sorprendido en el siglo I d.C. — cuando escribió sus cartas y epístolas — de cuánto tiempo le llevó a la iglesia cristiana integrar los himnos y los cánticos espirituales en el culto cristiano, agregándolos a los Salmos judíos que habían sido cantados por siglos.

Muchos judíos convertidos al cristianismo se aferraron a los Salmos como la única expresión musical de adoración válida. Desde el final del siglo I d.C — cuando se escribe el último libro de la Biblia — hasta el siglo V d.C, el cristianismo se esparció desde los países mediterráneos al resto del imperio romano, alcanzando un gran número de naciones, culturas e idiomas.[31]

El cristianismo pasó de ser una secta perseguida y torturada, forzada en ocasiones a congregarse en secreto, a convertirse en la religión oficial del imperio Romano en el siglo IV d.C. La iglesia cristiana primitiva se vio envuelta en grandes cambios que afectaron a todos los aspectos del culto cristiano, incluida la música.[32]

Algunos de los padres de la iglesia cristiana primitiva reconocieron el valor de los himnos para enseñar la verdad espiritual. Las melodías de los primeros himnos cristianos en la iglesia primitiva fueron tomadas del repertorio secular. Esta técnica, llamada *contrafacta*, fue usada repetidamente por los reformadores de la iglesia a lo largo de los siglos.[33] La letra de los nuevos himnos cristianos fue escrita en griego, a diferencia de los Salmos del Antiguo Testamento, que fueron escritos en hebreo. El Nuevo Testamento está escrito en griego porque la cultura imperante en el tiempo

---

[31] James F. White, *A Brief History of Christian Worship* (Nashville, TN: Abingdon Press, 1993), 40.

[32] Frank Viola & George Barna, *Paganismo ¿En Tu Cristianismo?* (Miami: Editorial Vida, 2011), 160-162.

[33] White, *A Brief History of Christian Worship*, 41.

de Jesús era la griega. Esto explica por qué los primeros himnos cristianos fueron escritos en griego, y no en hebreo.

"¡Cuidado con esos himnos!"

A muchos padres de la iglesia les preocupaba especialmente que la gente joven tomara buenas decisiones en términos de la práctica musical. El comentario de San Juan Crisóstomo acerca de la inclinación natural de los jóvenes hacia la música popular puede sonarnos muy familiar: "Hoy, nuestros niños aprenden canciones satánicas y danzas de moda... pero ninguno conoce los Salmos. Parece que sintieran vergüenza de ellos, se ríen de los Salmos y los ridiculizan."[34]

Ya en el siglo IV d.C., Juan Crisóstomo se quejaba de que los niños y jóvenes aprendieran los himnos contemporáneos de su época. Él, junto con muchos otros líderes religiosos, no aceptaban el uso de los himnos en la iglesia cristiana, y defendían los salmos como forma musical más apropiada. Incluso llega a calificar de satánicos a los nuevos himnos cristianos. Parecieran olvidar que Pablo, inspirado por Dios, nombra en Col. 3:16 y Efe. 5:19 los "salmos, himnos y cánticos espirituales" como formas apropiadas para adorar a Dios.

El rechazo de ciertos padres de la iglesia cristiana al uso de himnos en el culto cristiano se debe a tres razones principales:

a. Los Salmos de la Biblia deberían tener preferencia sobre cualquier otra forma musical, ya que representan la

---

[34] San Juan Crisóstomo, "In Colossenses," capítulo 3:16, *Homil. 9,2"* in J.-P. Migne, ed., *Patrologie Cursus Completus, Series Graeca*, tomo 62, cols. 362, 363, citado en James McKinnon, ed., *Music in Early Christian Literature and the Latin Period* (New York, NY: W. W. Norton and Co, 1998), 87.

herencia del pueblo de Dios y forman parte del canon bíblico. Sus letras son la Palabra de Dios, y no se debería agregar otra letra.

b. Los himnos hacían uso de melodías tomadas del repertorio secular. En el siglo III y IV d.C. existían himnos heréticos, que propagaban la doctrina de los arrianos y los gnósticos.[35]

c. Los himnos eran acompañados por instrumentos musicales. Ciertos padres de la iglesia consideraban inevitable la asociación entre los instrumentos musicales y los ritos paganos.

Esta preocupación, entre otras, llevó a que los padres de la iglesia cristiana convocaran el Concilio de Laodicea (363-364 d.C). Las decisiones tomadas en dicho concilio afectaron a la música cristiana durante toda la Edad Media. ¡Estamos hablando de más de mil años!

El Concilio de Laodicea

En el concilio de Laodicea, los padres de la iglesia decidieron prohibir el uso de los instrumentos musicales dentro del culto cristiano. Prohibieron también el uso de cualquier letra en canciones cristianas que no vinieran estricta y literalmente del texto bíblico. Asimismo, prohibieron el uso de melodías seculares en cantos cristianos congregacionales. A partir del año 367 d.C., sólo un grupo selecto de monjes podía liderar el canto congregacional en las iglesias cristianas.

¿Obedecieron estas decisiones del concilio de Laodicea a los principios bíblicos de la adoración verdadera? Absolutamente no. Obedecieron a los intereses de una

---

[35] Steve Miller, *The Contemporary Christian Music Debate* (OM Literature: 1957), 108.

iglesia oficial politizada, que se erigió como agente de control y autoridad. En sólo 5 siglos, el ideario de Jesús para su iglesia se había modificado drásticamente. De un grupo de discípulos que oraban y cantaban juntos, pedían por el derramamiento del Espíritu Santo y tenían todas las cosas en común, la iglesia cristiana primitiva se transformó en una institución política que defendía principios más paganos que verdaderamente cristianos. [36]

De hecho, en el concilio de Laodicea también se acordó cambiar el día de reposo, del sábado al domingo. La tabla de abajo explica y resume las diferencias entre los principios bíblicos de la adoración y los creados por el concilio de Laodicea.

PRINCIPIOS BÍBLICOS	CONCILIO DE LAODICEA
"Alabad a Dios ...con trompeta, con lira, con arpa, con salterio y danza, con címbalos sonoros y címbalos resonantes..." (Sal. 150)	Los instrumentos musicales se prohiben en el culto de la iglesia cristiana.
"¡Aclamen con alegría al Señor, habitantes de toda la tierra! Adoren al Señor con gozo. Vengan ante él cantando con alegría." (Sal. 100:1, 2)	El canto congregacional se prohíbe, argumentando que la congregación cantaba "desafinada e indecorosamente."
"¡Canten al Señor una nueva canción!¡Que toda la tierra cante al Señor!" (Sal. 96:1)	La composición de nuevas letras de canciones cristianas se prohíbe. Sólo se pueden cantar letras de los Salmos bíblicos.

---

[36] Viola, *Paganismo ¿En Tu Cristianismo?*, 19.

69

La gran reforma musical: Martín Lutero

En el siglo VI d.C., el Papa Gregorio establece las bases del canto gregoriano, que predominará en la iglesia cristiana católica durante toda la Edad Media. La historia nos enseña que los principios que rigieron la música religiosa de la iglesia cristiana oficial durante la Edad Media no estuvieron fundamentados en la Biblia, sino en la tradición católica romana. La iglesia se transformó en una institución que se alejaba de los principios bíblicos para funcionar a través del autoritarismo, tanto religioso como político.

En el siglo XVI d.C., Dios levanta a un monje agustino alemán que revolucionará desde entonces y para siempre la teología y la música cristiana. Ellen White escribe:

> El más distinguido de todos los que fueron llamados a guiar a la iglesia de las tinieblas del papado a la luz de una fe más pura, fue Martín Lutero. Celoso, ardiente y abnegado, sin más temor que el temor de Dios y sin reconocer otro fundamento de la fe religiosa que el de las Santas Escrituras, fue Lutero el hombre de su época. Por su medio realizó Dios una gran obra para reformar a la iglesia e iluminar al mundo.[37]

La reforma teológica de Lutero llegó acompañada por una importantísima reforma musical y litúrgica. Podemos decir sin temor a equivocarnos que lo que hoy conocemos como "himno protestante" tiene su origen en el coral luterano, una forma musical estructurada por Lutero para transmitir la doctrina bíblica. El coral luterano contrasta drásticamente con los cantos oficiales usados por la iglesia católica durante la Edad Media.

Durante las tinieblas de la Edad Media, el silencio caracterizó el culto de la iglesia. Los fieles, meros

---

[37] Ellen White, *El Conflicto de los Siglos*, 129.

espectadores, entraban en el santuario, se hacían reverentemente la señal de la cruz, y asistían al imponente ritual litúrgico en actitud contemplativa. Solamente la voz del sacerdote resonaba en el ámbito de la iglesia en contraste con el taciturno silencio de los adoradores.

La Reforma, rompiendo con la tradición medieval, entre otras innovaciones, introdujo la participación de los fieles en el culto público. Lutero definió su concepto del culto en forma clara y objetiva: "Dios nos habla a nosotros a través de su Palabra, y nosotros le hablamos a a través de la oración y los himnos.[38]

CANTO GREGORIANO	CORAL LUTERANO
Sólo cantan un grupo de monjes.	Canta toda la congregación.
Existe una melodía, cantada al unísono.	Una melodía armonizada a cuatro voces (Soprano, contralto, tenor y bajo)
Frases largas, movimiento calmo y continuo que conduce a una actitud de contemplación.	Frases cortas, simétricas, con una cadencia al final, que favorece el canto en congregacional.
Se canta en latín.	Se canta en el idioma propio de cada cultura (vernáculo).
Los instrumentos musicales están prohibidos.	Se usan instrumentos musicales para acompañar el canto.
Se evita el uso de ritmos repetidos, para evitar el movimiento corporal	Se usan patrones rítmicos repetitivos, para facilitar el aprendizaje de la melodía y fijarla en la memoria.

[38] Enoch de Oliveira, *La Iglesia Adventista Frente al Movimiento Carismático* (Buenos Aires: ACES, 2011), 12.

CANTO GREGORIANO	CORAL LUTERANO
Las letras son frases de la Escritura, aunque en Latín, un idioma que la mayoría de los creyentes no entienden.	Las letras de los himnos están basadas en la Escritura, pero son elaboradas por el compositor. Son letras cercanas, basadas en la Palabra de Dios y la experiencia del creyente.

Martín Lutero devolvió a la congregación el derecho a cantar, promovió el uso de ciertos instrumentos musicales, integró melodías simples — algunas de ellas populares — en el canto congregacional y escribió letras basadas en la Biblia y en la experiencia de la justificación por la fe en Cristo Jesús. La reforma musical que lideró Martín Lutero devolvió a la iglesia cristiana del siglo XVI el espíritu de la adoración bíblica, en el que se nos invita al canto congregacional (Sal. 98:4), a cantar con el espíritu y el entendimiento (1 Cor. 14:15), al uso de los instrumentos como parte de la adoración (Sal. 149, 150) y a la adoración integral, en la que intervienen no sólo la mente y el espíritu, sino también el cuerpo (Sal. 84:2, 103:1,2).

Juan Calvino

Juan Calvino (1509-1564) lideró la reforma protestante en Francia y Suiza. Aunque no era músico, como Martín Lutero apreciaba el rol de la música en la iglesia.

Calvino se opuso al uso de los instrumentos musicales dentro de la iglesia. Enseñó que el canto cristiano congregacional se debía realizar *a cappella*. De hecho, Calvino y algunos de sus discípulos recorrieron la ciudad de Ginebra y arrancaron los órganos de las iglesias, destruyéndolos y tirándolos al fondo de su lago, en donde yacen hasta hoy.[39]

---

[39] Wilson-Dickson, *The Story of Christian Music,* 277.

Los calvinistas sintieron hasta tal extremo que su punto de vista representaba el enfoque bíblico correcto, que promulgaron decretos para que los órganos fueran destruidos en las iglesias. Los *salmos métricos* ejercieron tal influencia que llegaron a ser la única música cristiana en muchas iglesias, por más de cien años.[40]

Calvino tampoco aceptó los himnos dentro del repertorio de la música cristiana, a la vez que fue un fiel defensor de los Salmos. Para él la letra de los cantos cristianos debía ser bíblica. El carácter de los Salmos debía ser modesto, simple y austero. Bajo el liderazgo de Calvino se promocionó y popularizó el Salterio de Ginebra (*Geneva Psalter*). Pero, ¿en qué consistía el Salterio de Ginebra? Era una colección de *salmos métricos*.

En el siglo XVI Clement Marot de Francia, poeta del Rey Francisco I, escribió diferentes versiones métricas de los Salmos, también conocidos como *salmos métricos*. Las melodías que se adaptaron para cantar estas letras eran canciones y tonadas populares francesas. Estos *salmos métricos* tuvieron una gran aceptación, ya que la gente amaba las melodías de la música popular francesa. Los *salmos métricos* consisten en melodías que acompañan los Salmos de la Biblia. Muchas de estas melodías provienen del repertorio secular tradicional, y se adaptaron a los Salmos. Se llaman *métricos* porque la métrica de la música es regular y constante.

Estos *salmos métricos* representan lo opuesto a la propuesta de Lutero y el coral luterano, que es enérgico, vibrante, entusiasta y fresco. El *salmo métrico* busca la austeridad, la simetría, la restricción y la solemnidad.[41] Un

---

[40] David R. Breed, *History and Use of Hymns* (Chicago, IL: Flemming Revel Co., 1903), 290.

[41] William J. Reynolds, *A Survey of Christian Hymnody* (Carol Stream, IL: Hope Publishing Co., 1987), 30-1.

ejemplo de *salmo métrico* es la doxología *A Dios el Padre Celestial*. Contiene cuatro frases, y cada frase tiene ocho sílabas; un ejemplo de métrica constante.

Así como Lutero estaba convencido de que la iglesia debía alcanzar al mundo usando melodías que todos pudieran entender, Calvino predicó la separación del mundo. Lutero se enfrentó al papado y su música contrastó fuertemente con el canto gregoriano. Calvino se enfrentó al papado doctrinalmente, pero su música mantuvo varios puntos en común con el canto oficial de la iglesia católica.[42]

El himnario protestante

El primer himnario protestante (*Gemeindegesangbuch*) fue publicado en 1533, bajo la supervisión de Lutero. Nuestro *Himnario Adventista*[43] mantiene uno de esos himnos, *Castillo Fuerte es Nuestro Dios* (400), cuya letra y música fueron escritas por el célebre reformador.

A continuación, te invito a reflexionar en la vida y obra de cinco de los compositores más prominentes de himnos protestantes, además de Martín Lutero: Isaac Watts, Johann Sebastian Bach, William Booth, Charles Wesley y John Wesley. Terminaremos el recorrido con Ellen y James White, los compiladores y publicadores de los primeros himnarios usados en el incipiente movimiento adventista, que surge en la segunda mitad del siglo XIX.

---

[42] Doukhan, *In Tune with God*, 200-202.
[43] *Himnario Adventista* (Buenos Aires: ACES, 2009).

Isaac Watts

En los siglos XVI y XVII la reforma protestante se propaga rápidamente por Europa. Hacia finales del siglo XVII Isaac Watts (1674-1748), descontento con los austeros *salmos métricos* que se cantaban en su iglesia, decidió componer música cristiana más alegre y novedosa. Muchos de los himnos que salieron de su pluma exhiben una calidad magnífica y una profunda espiritualidad. Algunas de las obras de Watts que siguen estando en el *Himnario Adventista* son:

Por la Mañana (47)
Yo Canto el Poder de Dios (64)
Eterno Dios, Mi Creador (76)
Sangró mi Soberano Dios (94)
Al Contemplar la Excelsa Cruz (96)
Perdido Fui a Mi Jesús (291)
Los Que Aman al Señor (477)

Estos himnos fueron considerados revolucionarios en su tiempo. La crítica a la reforma musical y poética que Isaac Watts protagonizó no tardó en levantarse. Recordemos que en el siglo XVII muchas iglesias en Europa — especialmente las seguidoras de Calvino — sólo usaban *salmos métricos* en sus cultos. La poesía religiosa, aparte de las palabras literales de los Salmos bíblicos, estaba prohibida. "¡Las rimas de un hombre ahora se han magnificado por encima de la Palabra de Dios!", clamaron sus adversarios.[44] "Las congregaciones cristianas han cerrado la puerta a los Salmos inspirados por Dios, para abrirlas a la pluma moderna de Isaac Watts" — añadieron.[45]

---

[44] R. M. Stevenson, *Patterns of Protestant Church Worship* (Durham, NC: Duke University Press, 1953), 95.
[45] Idem.

Hubo iglesias enteras en Inglaterra que se dividieron a causa de los himnos de Watts. Sin embargo, y a pesar de las críticas, miles de congregaciones integraron los himnos de Watts en sus cultos, haciendo caso a la invitación del salmista: "Cantad al Eterno un canto nuevo."

Isaac Watts sintió el llamado que Dios le hacía para renovar la música cristiana de su tiempo. Los himnos de Watts salieron de su experiencia fresca con Dios y combatieron el formalismo y las gastadas tradiciones. Miles de personas fueron inspiradas a cantar un canto nuevo al Eterno en el lenguaje de su época. Watts fue fiel al llamado de Dios, y no se desanimó a pesar de las críticas que se levantaron contra su música y poesía novedosa.

Johann Sebastian Bach

Nacido en una familia de músicos, Johann Sebastian Bach (1685-1750) es considerado uno de los compositores que más ha aportado a la historia de la música. La obra de Bach está llena de belleza, profundidad espiritual, y demuestra un gran dominio de la técnica formal y compositiva.

Bach era luterano. Amante de la música religiosa instrumental y vocal, desarrolló el coral luterano, añadiéndole ornamentación y progresiones armónicas sorpresivas. Su tendencia a agregar notas de adorno y cromaticismo a las melodías de los corales, le ganó la fama de "mundano" entre los puristas religiosos de su época. Lejos de escribir música para complacer las modas de su época, Bach compuso música pletórica de espiritualidad.

Cuando un crítico musical le preguntó a Bach cuál era el propósito de la música, éste respondió: "El propósito de la música debería ser la gloria a Dios y la recreación del espíritu humano." Esta declaración explica por qué Bach se dedicó mayormente a componer música religiosa. De hecho, en muchos de sus manuscritos originales encontramos, al lado de su firma, las letras siglas *S.D.G.* (*Soli Deo Gloria*, ¡Sólo para la gloria de Dios!).

Una de las obras cumbres de la música sacra coral de todos los tiempos es su *Pasión Según San Mateo*. Para muchos músicos y críticos musicales es la obra que refleja más espiritualidad y traduce con mayor sensibilidad los padecimientos y la muerte del Señor Jesús. Sin embargo, el día del estreno de la obra los miembros de iglesia, al escuchar el cromaticismo y la instrumentación que Bach estaba usando — que incluía doce violines, oboes, fagotes y otros instrumentos que no eran típicos de la música religiosa de la época — se escandalizaron, como se expresa abajo:

> En los bancos donde solía sentarse una familia noble de la iglesia, estaban presentes ministros y damas de la nobleza, quienes cantaron el primer coral de la Pasión, leyendo en sus partituras con gran devoción. Pero cuando la música teatral comenzó, todas estas personas experimentaron el mayor desconcierto, mirándose unos a otros y diciendo: '¿Qué va a pasar ahora?' Una viuda anciana perteneciente a la nobleza dijo: '¡Dios nos salve, hijos míos! ¡Es como si uno estuviera en la ópera cómica!' Todos estaban realmente disgustados y elevaron sus voces quejándose, contrariados.[46]

Aún las obras musicales religiosas que en el presente son consideradas por los cristianos de todo el mundo como las más espirituales y trascendentes, en su época fueron criticadas y juzgadas por un gran número de cristianos como "teatrales", "con carácter de ópera cómica" y "mundanas." Sólo porque Bach estaba buscando nuevas fórmulas compositivas e instrumentales para expresar la espiritualidad y la belleza, fue juzgado de trivial y secular.

---

[46] H. David and A. Mendel, eds., *The Bach Reader: A Life of Johann Sebastian Bach in Letters and Documents* (New York: W. W. Norton, 1966), 229-30.

Bach fue fiel al llamado que Dios le hizo y compuso música de extraordinaria calidad y profunda espiritualidad. Sus composiciones sacras y su experiencia con Dios contrastaron con la música galante y operística de su época. Miles de personas fueron y siguen siendo inspiradas por la honesta búsqueda de Dios reflejada en la obra de este genial compositor. A pesar de ser un músico muy poco reconocido en su tiempo, escribir música para la gloria de Dios fue el propósito al que dedicó prácticamente toda su vida y su carrera.

El *Himnario Adventista* (edición de 2009) conserva el himno *Cabeza Sacrosanta* (101) arreglado y armonizado por Bach.

William Booth

William Booth (1829-1912) fue un pastor metodista inglés, conocido como el fundador del Ejército de Salvación. Después de ejercer como ministro metodista por algunos años, William Booth sintió el llamado de Dios para ministrar en los barrios más carenciados de Londres, entre trabajadores de la clase obrera que no asistían a la iglesia.

Booth usó bandas instrumentales, conocidas como las *Hallelujah Bands* para llegar a la gente. ¿Cuál fue la razón que lo motivó a hacer esto? La mayoría de las personas a las que Booth quería llegar con el evangelio eran trabajadores en fábricas locales.

Él era un amante de la música metodista tradicional, pero pronto descubrió que estas personas no conectaban con esa música, sino con música popular y especialmente con bandas de instrumentos de metal (muy populares en Inglaterra en la segunda mitad del siglo XIX). William Booth adaptó melodías populares inglesas y fundó un movimiento conocido como el Ejército de Salvación.

La melodía popular *Champaigne Charlie* fue arreglada, orquestada y se le puso letra cristiana, llegando a ser conocida como *Bendito Sea Su nombre, Dios Me Hace Libre. I Traced His Little Footsteps in the Snow* llegó a ser *La Sangre de Cristo Nos Limpia Blancos Cual Nieve*, y así decenas de melodías populares fueron arregladas, armonizadas y utilizadas para transmitir el mensaje bíblico.[47]

Miles de personas aceptaron a Cristo como su salvador personal gracias a los esfuerzos evangelísticos de William Booth y su esposa Catherine. El movimiento creció exponencialmente y se propagó por más de ochenta y seis países en menos de cincuenta años.[48]

La música usada por el Ejército de Salvación también despertó crítica despiadada. Clérigos, laicos e incluso la prensa de Inglaterra calificaron las canciones del Ejército de Salvación como superficiales e irrelevantes.[49]

En una publicación del Ejército de Salvación, Booth escribió:

> La música tiene un efecto divino sobre las almas que se dejan influir y dirigir. La música es para el alma lo que el viento es para el barco, soplando en la dirección que ella navega... ¿No se nos permite cantar esta o aquella melodía? ¿Decís que es música secular? ¿Decís que pertenece al diablo? Bueno, si fuera así, yo le robaría esas melodías al enemigo, porque él no tiene derecho de tener una sola nota de todo el repertorio musical. ¡Él es ladrón, no yo! Cada nota, cada melodía y cada armonía es divina y nos pertenece... Así que ahora y por siempre, consagrad vuestras voces y vuestros instrumentos. ¡Traed vuestras arpas, órganos, flautas, violines, pianos, tambores y lo que haga falta para tocar melodías!

---

[47] Steve Miller, *The Contemporary Christian Music Debate*, 135.

[48] http://www.salvationarmyusa.org/usn/history-of-the-salvation-army

[49] Barnard Watson, *A Hundred Years' War: The Salvation Army: 1865-1965* (Hodder and Stoughton), 110.

Ofrecédselas a Dios y usadlas para hacer que todos los corazones se alegren delante del Señor![50]

William Booth sintió el llamado que Dios le hacía para renovar la música cristiana de su tiempo. La música de Booth reflejaba su experiencia fresca con Dios y combatió el formalismo y las tradiciones áridas de su época. Miles de personas se encontraron con Jesús gracias a la música del Ejército de Salvación, y fueron inspiradas a cantar un canto nuevo al Eterno en el lenguaje de su época. Booth fue fiel al llamado de Dios, y no se desanimó a pesar de las críticas que se levantaron contra su música novedosa.

John y Charles Wesley

John Wesley (1703-1791) y Charles Wesley (1707-1788) fueron hijos de Samuel Wesley, pastor anglicano y poeta. John Wesley fue el fundador del metodismo. Su hermano, Charles, compuso más de seis mil himnos.

Los hermanos Wesley se caracterizaron por predicar un cristianismo vivo y práctico, enfatizando la relación personal con Jesús.

John Wesley — fundador del metodismo — el 24 de mayo de 1738, se acercó por curiosidad a una reunión de oración, en la calle de Aldersgate, en la ciudad de Londres, Inglaterra. Allí experimentó su nuevo nacimiento. Él era un erudito, tenía una fe intelectualizada, su fe en el Señor no tenía la experiencia redentora personal en su diario vivir. Era un creyente como tantos otros. Pero esa noche, experimentó un cambio tremendo en su corazón y en todo su ser, sintió la experiencia de la presencia del Espíritu Santo. El mismo comenta en su diario: "Como a las nueve menos cuarto, mientras escuchaba la descripción del cambio que Dios opera en el corazón por la

---

[50] Andrew Wilson-Dickinson, *The Story of Christian Music* (Minneapolis, MN: Fortress Press, 2003), 140.

fe en Cristo, sentí arder mi corazón de una manera extraña. Sentí que confiaba en Cristo, y en Cristo solamente, para mi salvación. Y recibí la seguridad de que Él había borrado mis pecados y que me salvaba a mí de la 'ley del pecado y de la muerte.' Me puse entonces a orar con todas mis fuerzas por aquellos que más me habían perseguido y ultrajado. Después di testimonio público ante todos los asistentes de lo que sentía por primera vez en mi corazón." A partir de esa experiencia personal de fe, Wesley descubrió que no son las reglas y leyes, ni nuestros propios esfuerzos hacia la perfección las que nos pueden dar seguridad de nuestra salvación; sino la fe en la misericordia de Dios manifestada en Cristo la que nos permite entrar a una vida en santidad; es decir, a una vida en plenitud. Donde la paz, la alegría y el gozo son una realidad.[51]

La experiencia de sentir el corazón "arder" de John Wesley se traduciría en su forma de vivir el cristianismo, de predicar el evangelio y de escribir poesía religiosa. De la misma forma, los himnos de su hermano Charles produjeron un reavivamiento espiritual, ya que en muchas iglesias de Inglaterra aún sólo se cantaban *salmos métricos*. Charles Wesley se sintió inspirado por la revolución musical que Isaac Watts empezara, y decidió aportar sus melodías a esta nueva causa. El gran aporte de Charles Wesley fueron el *himno evangelístico* y el *himno cristocéntrico*. [52]

Muchas de las melodías que Wesley usaba eran compuestas por él. Otras eran adaptadas de la música popular inglesa y del repertorio operístico. Hizo uso de varias melodías de Jorge F. Händel, lo que le provocó el calificativo de "mundano."[53]

---

[51] http://www.angelfire.com/pe/jorgebravo/sermon76.htm
[52] Miller, *The Contemporary Christian Music Debate*, 125.
[53] James F. White, *A Brief History of Christian Worship* (Nashville, TN: Abingdon Press, 1993), 145.

Los himnos metodistas llegaron a ser una poderosa herramienta en las campañas evángelicas de Inglaterra y pronto llegaron a los Estados Unidos.

Algunos de los himnos de Charles Wesley que se encuentran en el *Himnario Adventista* son:

Cristo Ha Resucitado (105)
Las Manos, Padre (295)
Gozaos, Cristo es Rey (352)
Cariñoso Salvador (421)
Tocad Trompeta Ya (575)
Se Oye un Canto en la Alta Esfera (79) (La melodía original es de F. Mendelssohn)

John y Charles Wesley sintieron el llamado que Dios les hacía para renovar la música cristiana de su tiempo. Los himnos de Charles Wesley reflejaron su experiencia fresca con Dios y combatieron el formalismo y las frías tradiciones. Miles de personas fueron inspiradas a cantar un canto nuevo al Eterno en el lenguaje de su época. John y Charles Wesley fueron fieles al llamado de Dios, y no se desanimaron, a pesar de las críticas que se levantaron contra su música y poesía novedosas.

Ellen White y los primeros himnarios adventistas

Hamel revela que "El himno favorito de Ellen White fue escrito por Charles Wesley: "Cariñoso salvador, huyo de la tempestad a tu seno acogedor, fiándome de tu bondad."[54] Ellen White fue afortunada al tener la herencia de los himnos cristianos compuestos por John y Charles Wesley, quienes fueron pastores y escritores de himnos durante el siglo XVII. Los hermanos Wesley participaron en la escisión de la iglesia anglicana que finalmente resultara en la

---

[54] Hamel, *Ellen White and Music*, 11-12.

formación de la iglesia metodista. Los padres de Ellen eran miembros de la iglesia metodista. Ellen también llegó a ser miembro y participó activamente en las actividades de su iglesia. Fue durante este tiempo que ella aprendió a apreciar la belleza y el poder de los himnos.

Los escritores de himnos metodistas publicaron un gran número de himnos para su congregación y pedían a los creyentes que participaran activamente. En contraste con el canto conservador de los Salmos que se practicaba en la iglesia anglicana, estos nuevos himnos ejemplificaban nuevos conceptos relativos al ritmo y al tempo. Los compositores de himnos metodistas también promovieron un alta calidad lírica y belleza poética. Mayormente ejercitaron un gran cuidado en crear himnos de gran valor literario y musical.

Los poetas eran creativos al encontrar nuevas formas de expresar las creencias cristianas fundamentales. La música y la letra armonizaban de forma artística, y subrayo el hecho de que había un gran contraste con la fraseología forzada y artificial de los tradicionales salmos métricos. En estas canciones nuevas se introdujo un elemento evangélico fresco: la experiencia personal de los cristianos que habían nacido de nuevo. En contraste con los conceptos de Calvino, estas nuevas canciones llamaban todas a la salvación, enfatizando que todos podemos ser salvos, no sólo un selecto grupo de creyentes. En un sentido literal y espiritual, las canciones de los Wesleys son buenos ejemplos del tipo de canciones especialmente apreciadas y cantadas por James y Ellen White.

Como Ellen White era miembro de la iglesia metodista en su juventud, y fue influenciada por sus prácticas musicales, es aconsejable examinar el rol de la música en la denominación metodista.[55]

Aunque Ellen White no era profesional de la música, le gustaba cantar, valoraba el uso de los instrumentos en la

---

[55] Idem.

adoración, y tenía en gran estima la importancia de la música en la iglesia.

> La importancia de la música religiosa en la vida de los adventistas del séptimo día del siglo XIX está claramente indicada por el hecho que entre 1849, cuando el primer himnario adventista es publicado, y 1900, cuando *Christ in Song* se comenzó a usar, se publicaron veintitrés libros de canciones. Por muchos años James Edson White publicó un periódico que tituló *El Mensajero Musical*. Este periódico reflejaba el ávido interés del autor en la música religiosa, exhortando altos niveles de calidad en la composición y la interpretación de himnos y canciones religiosas.[56]

Seguramente Ellen White se sorprendería al ver cuán pobremente hemos gestionado el legado musical adventista del siglo XIX durante el siglo XX. Si ella promovió la publicación de veintitrés himnarios y compilaciones de música cristiana adventista en cincuenta años, se sorprendería al saber que en el siglo XX sólo se publicaron dos himnarios adventistas en español. El primero en 1921, y el segundo en 1962. El mensajero musical dejó de publicarse, y la iglesia, como organización global, nunca más volvió a publicar revistas o periódicos musicales.

En la segunda mitad del siglo XIX, cuando surge el movimiento adventista en Estados Unidos, James White y Ellen White estaban habituados a los himnos de Watts, Wesley y Booth, entre otros. La actitud del matrimonio White con respecto al repertorio de cantos espirituales e himnos es abierta, progresista e inclusiva. James White comprende la importancia de crear un repertorio de himnos acorde a las nuevas verdades bíblicas descubiertas por el movimiento adventista, y en 1863, antes de que la iglesia se organizara formalmente, gracias a la gestión de la familia White ya habían publicado cuatro himnarios y cinco

---

[56] Hamel, *Ellen White and Music*, 26.

suplementos. El primer himnario "oficial" de la Iglesia Adventista del Séptimo Día se publicó en 1869.[57]

Aunque los himnos de Isaac Watts, J. S. Bach, John Wesley, Charles Wesley y Charles Booth en su época fueron considerados novedosos, revolucionarios e inapropiados por muchos, James y Ellen White los escogieron como parte del repertorio de la música para la iglesia adventista. Así, estos autores — anglicanos, luteranos, metodistas y salvacionistas — aparecen en los primeros himnarios y compilaciones adventistas. Esta actitud del matrimonio White — sin duda dirigidos por Dios — demuestra el interés que James y Ellen White tienen en la música cristiana de calidad, centrada en Jesús, con una letra que refleje la experiencia cristiana, en oposición con los tradicionales *salmos métricos* que, si bien pudieron ser una fuente de inspiración en otra época, en el siglo XIX habían perdido relevancia, vitalidad y frescura para comunicar la verdad espiritual.

Los himnos protestantes del siglo XIX son una parte importante de nuestra herencia cristiana, y personalmente creo que es bueno que las nuevas generaciones valoren y conozcan este legado. Los himnos tienen el propósito de enseñar la verdad espiritual, y forman parte de nuestra identidad como iglesia. Sin embargo, al igual que los Salmos cantados en hebreo en el siglo I d.C. fueron complementados por himnos cantados en griego, que añadieron nuevos modos, giros melódicos e instrumentos, las nuevas generaciones tienen derecho a conectar con formas musicales que tengan relevancia para el tiempo en que viven.

Así como Lutero, Bach, Watts, Booth y Wesley — entre otros — fueron revolucionarios en su tiempo, comunicando la verdad de forma novedosa, usando un lenguaje relevante para su generación, el Espíritu Santo sigue inspirando

---

[57] *Himnario Adventista*, 4.

hombres y mujeres para comunicar la maravillosa y eterna verdad de la salvación hoy, en el siglo XXI.

No sería justo pretender que los niños y jóvenes del siglo XXI conectaran con todos los himnos del siglo XIX de la misma forma que lo hicieron las generaciones del siglo XIX. No es justo pedirle a nuestros hijos y los hijos de la iglesia que ciertos himnos para ellos signifiquen lo mismo que significaban para nuestros abuelos o nuestros padres, porque el significado de la música está asociado a experiencias personales y subjetivas, que cambian con cada individuo y cada generación. Las generaciones "X", "Y", y *millennials* han crecido escuchando otros estilos de música religiosa, además de los himnos tradicionales. Esos estilos "nuevos" para las generaciones anteriores, son los "tradicionales" para las actuales.

Tristemente existen algunas personas que afirman que "sólo deberíamos cantar himnos del *Himnario Adventista* en los cultos." El argumento que sostiene esta idea defiende que el *Himnario Adventista* es "nuestra identidad", como si los himnos del himnario fueran exclusivos del adventismo. Nada más lejos de la realidad.

Es mi oración que este capítulo arroje luz al respecto. En él hemos estudiado cómo nuestros pioneros seleccionaron y utilizaron cantos e himnos de diferentes congregaciones al compilar los primeros himnarios adventistas. Utilizar himnos de cristianos metodistas, evangélicos, bautistas, presbiterianos, anglicanos y católicos ha sido una práctica habitual en la iglesia adventista desde sus inicios, y una costumbre a la que James y Ellen White recurrieron con frecuencia.

El mensaje distintivo de la iglesia adventista también necesita ser expresado en música. Por eso tenemos cantos e himnos que hablan de la segunda venida de Jesús, del sábado como el santo día de reposo, de la doctrina del santuario, del estado de los muertos, etc. Sin embargo, no hemos de olvidar que los himnos y cantos de otras denominaciones cristianas con las que compartimos creencias como la vida y la obra de Cristo, etc. siempre han sido una fuente de inspiración para el adventismo, y se ha nutrido de ellos para enriquecer el repertorio usado en la adoración tanto individual como congregacional.

Los criterios que la iglesia adventista del séptimo día ha utilizado para seleccionar cantos e himnos que lleguen a formar parte del *Himnario Adventista* son los siguientes:

1. Que la letra del himno o canto refleje la verdad expresada en la Palabra de Dios y las creencias fundamentales de la Iglesia Adventista del Séptimo Día.

2. Que la música que acompañe a la letra sea apropiada, edificante, y de calidad.[58]

La Iglesia Adventista nunca ha considerado imprescindible ni necesario que el autor o la autora de un himno o canto deba pertenecer a la iglesia adventista para ser incluido en el Himnario Adventista. Por eso en el índice de compositores encontramos autores como Beethoven, Händel, Haydn, Sibelius, Mozart, Mendelssohn, San Francisco de Asís, Andraé Crouch, Bill Gaither, Twila Paris, Michael W. Smith, así como melodías tradicionales alemanas, cubanas, españolas, galesas, hebreas, holandesas, indias, inglesas, irlandesas, italianas, judías norteamericanas, rusas y silesianas.[59]

---

[58] Estos conceptos están expresados y desarrollados en el documento oficial de la IASD *Una Filosofía Adventista del Séptimo Día sobre la Música* (2004). Para leer el documento en su totalidad, véase el Apéndice I.

[59] Ver índice de compositores y arreglistas. *Himnario Adventista,* 676-8.

El himno 12 del *Himnario Adventista* es un extracto de la *Novena Sinfonía* de Ludwig Van Beethoven. Beethoven profesó la religión católica durante buena parte de su vida.

El himno 68 del *Himnario Adventista* fue escrito for Francisco de Asís, monje católico fundador de los franciscanos.

Thomas Ken compuso la letra del himno *A Dios el Padre Celestial* (20). Él fue sacerdote católico hasta que se convirtió a la Iglesia Anglicana. Estos son sólo algunos ejemplos de lo que exponíamos anteriormente: la Iglesia Adventista nunca ha considerado necesario que el autor o la autora de un himno o canto deba pertenecer a la iglesia adventista para ser incluido en el *Himnario Adventista*.

Un nuevo himnario en el siglo XXI

En 2011 FACT (*Faith Communities Today*) publicó los resultados de un estudio titulado "Una Década de Cambios en las Congregaciones de Estados Unidos: 2000-2010",[60] en el que se demuestra que las congregaciones cristianas que más han crecido en Estados Unidos de América del 2000 al 2010 son aquellas que muestran un espíritu innovador e integran estilos contemporáneos en la adoración.

Durante mis años de servicio en la División Intereuropea, tuve el privilegio de formar parte de MUSIXUSE, una comisión de músicos adventistas de dicha División. Gracias a esa experiencia pude conocer el ministerio de los pastores y músicos alemanes, lo que me resultó muy inspirador. Ya desde hace algunos años la comisión de música en Alemania diseñó un *Himnario Adventista* para jóvenes que consiste en una compilación de veinte cantos al año, compuestos por jóvenes adventistas

---

[60] http://faithcommunitiestoday.org/

alemanes. Cada año se agregan veinte canciones inéditas al himnario, que se publica tanto en formato digital como en una carpeta a la que se pueden agregar partituras. En España actualmente se edita un himnario llamado *Bienvenidos A Adorar* [61] que consiste en la misma idea: compositores adventistas creando música contemporánea cada año. El proyecto *Bienvenidos A Adorar* ha motivado a cientos de jóvenes adventistas a componer nueva música, estudiar música a nivel profesional, crear conjuntos vocales e instrumentales en las iglesias locales, organizar eventos musicales a nivel local y nacional, etc.

Las estadísticas demuestran que las congregaciones que crecen son aquellas en las que se da lugar a la participación e innovación, especialmente por parte de las nuevas generaciones, que son las que más necesitan crear un vínculo de identidad y pertenencia con la iglesia.

Más del 80% de los himnos del *Himnario Adventista* han sido compuestos por autores de origen inglés, austríaco o alemán. En la iglesia adventista del séptimo día actual, el 2% de la membresía mundial pertenece a esos países, y más del 70% de los miembros viven en Africa y Latinoamérica. Sin embargo, menos del 5% de los himnos del *Himnario Adventista* son de origen africano o latinoamericano.[62] Esta es una de las razones por las que en nuestra iglesia mundial algunas comisiones de música están editando himnarios juveniles con himnos y cantos contemporáneos que reflejen más diversidad y que considere la contribución de culturas que no se han visto representadas hasta el presente.

En la clase de Armonía I, mis estudiantes analizan algunos himnos de nuestro himnario. Las frases de cuatro compases, la forma musical AB, la melodía sencilla, la progresión armónica predecible, siempre resolviendo en el

---

[61] www.bienvenidosaadorar.com
[62] http://dialogue.adventist.org/articles/17_3_haloviak_s.htm

acorde de tónica al final, los acordes, en su mayoría de tres sonidos y los ritmos sencillos no son sólo característicos de nuestros himnos, sino de la mayoría de los *Lieder* anglosajones de fines del siglo XVIII y la primera parte del siglo XIX. El lenguaje de los himnos no es exclusivo de la música religiosa, sino de la música culta — y en algunos casos, popular — anglosajona de un período del arte determinado.

En la clase de Armonía II, las piezas contemporáneas que analizamos tienen frases asimétricas, estructuras formales menos rígidas, melodías impredecibles, progresiones armónicas más complejas y coloridas, acordes de séptima y novena en su mayor parte, y hacen uso de la síncopa y de ritmos irregulares. Son composiciones contemporáneas, es decir, "pertenecientes o relativas al tiempo o época en que se vive." La mayor parte de cantos que se agregan en las iglesias que innovan su liturgia son contemporáneos, por lo tanto, obedecen a algunas o todas las características que hemos nombrado antes. Si las estadísticas muestran que las iglesias que más crecen son aquellas que tienen una actitud innovadora e integran diferentes estilos en su adoración, cabe preguntarse si en nuestra iglesia local estamos siendo sensibles a la diversidad cultural y generacional de nuestra congregación.

La fórmula de Pablo

Como ya hemos visto antes, Pablo en Efe. 5:19 y Col. 3:16, antes de mencionar la diversidad de formas musicales, menciona: "sed llenos del Espíritu" y "que la palabra de Cristo more en abundancia en vosotros..."

La fórmula de Pablo consiste en tener una experiencia espiritual con el Señor, permitir que su Palabra habite, more, resida en nosotros, y luego, como consecuencia, cantaremos "himnos, salmos y cantos del Espíritu." La fórmula de Pablo va a la raíz del debate de la adoración de todos los tiempos. No podemos debatir sobre el estilo o la forma de la música religiosa si no nos relacionamos con el creador de la música religiosa. Una vez que estamos llenos de su Espíritu y de la Palabra de Dios, nuestra música sonará a tono con su voluntad y, como expresó John Wesley: "nuestro corazón arderá como nunca antes."

Gál. 2:20 describe un cambio que sucede "cada día." Rom. 12:2 nos invita a "transformar nuestra mente por medio de la renovación de nuestro entendimiento." El libro de Lamentaciones nos dice que las misericordias de Dios se renuevan "cada mañana" (Lam. 3:23). Doukhan observa:

> El cambio, el crecimiento, la renovación, no se dan sólo en el terreno espiritual sino también en el mundo natural. Las estaciones, las etapas de la vida, están marcadas por el cambio. Lo nuevo pronto se convierte en lo normal, y más tarde en lo antiguo que necesita ser renovado.[63]

Conclusión

El breve viaje a través de la historia que hemos recorrido en este capítulo nos revela que la música, como expresión de la adoración, ha experimentado cambios a lo largo de la historia. El cambio también es una realidad en nuestra vida con Jesús. Enfrentarnos al cambio puede ser doloroso, y con frecuencia nos puede empujar a redefinir nuestros límites y conceptos, pero es necesario cuando tratamos el tema de la música y la adoración en la iglesia, especialmente en este siglo XXI, donde los cambios se producen a una velocidad tan rápida.

El carácter de Dios no cambia. Su verdad es inmutable. Pero los músicos sabemos que comunicar a Dios a través de la música sacra, contextualizar su verdad, supone un desafío y una constante renovación. Implica también una actitud creativa, inquisitiva, y conlleva la responsabilidad de ser

---

[63] Doukhan, *In Tune with God*, 284.

agentes positivos que canalicen el cambio, y que no coloquen la tradición y el apego por lo antiguo como valores que se sitúan al mismo nivel que la Palabra de Dios. La música es un lenguaje temporal, y al ser una expresión del ser humano está condicionada por la cultura, la sociedad, los avances de la tecnología, del arte y de la ciencia. Pretender que la música religiosa no cambie, o que se quede estancada en cierto siglo, es un error, y como ya hemos visto, un concepto que no tiene fundamentación bíblica. Darle valor a la música porque sea antigua, es considerar la tradición como un valor *per se*. Lo antiguo no siempre equivale a lo verdadero. Jesús, en su ministerio, se enfrentó continuamente a las tradiciones de una religión formal que había apagado el espíritu de la ley y de la adoración verdadera.

Al estudiar la historia de la música cristiana, es fascinante notar que los grandes inspiradores, los grandes compositores, fueron aquellos que innovaron. David, Lutero, Watts, Bach, Wesley y muchos otros compositores y compositores cristianos integraron en el lenguaje musical o poético algún elemento fresco, nuevo, relevante para su tiempo.

Afirmar que la inspiración murió en el siglo XIX es más fácil que buscar la inspiración del Espíritu Santo en el siglo XXI. Afirmar que el *Himnario Adventista* es un canon cerrado, y que el repertorio de música sacra termina con el último himno es más fácil que pedir la dirección del Espíritu Santo a la hora de crear nueva música, estudiando la población de nuestra iglesia y el mundo en el que vivimos, para ofrecerles una adoración de acuerdo al corazón de Dios, relevante, fresca y significativa.

La Palabra de Dios es la revelación de Su verdad. No cambia. Es santa.

El *Himnario Adventista* es una compilación hecha por una comisión de personas. Puede y debe cambiar, actualizándose, reinventándose, adaptándose a los tiempos.

CAPÍTULO 4

LOS INSTRUMENTOS MUSICALES A LA LUZ DE LA BIBLIA

Hace algunos meses, después de presentar una conferencia sobre el uso de los instrumentos musicales en la Biblia, un señor se acercó a conversar. Al hablar con él percibí que era un cristiano adventista sincero, entregado a la misión de la iglesia. "Me preocupa mucho este tema de los instrumentos musicales" –– me dijo. Yo no puedo escuchar la guitarra o la trompeta en la iglesia tocando música cristiana, porque para mí estos instrumentos no son de Dios, sino de la cantina. Cuando era joven no quería saber nada de Dios y pasaba muchas noches en la cantina, derrochando mi dinero y mi tiempo en toda clase de vicios. Recuerdo que en esos sitios solían cantar músicos mariachis, tocando sus guitarras y trompetas. Cada vez que escucho esa música y esos instrumentos, mi mente revive todos aquellos recuerdos que aún me afectan. Hasta puedo sentir el olor a vino tinto y a perfume de mujeres al escuchar esos instrumentos. Por eso en mi iglesia no se toca ni la guitarra ni la trompeta. Quiero que mi mente esté limpia de esos recuerdos. Deseo que en la iglesia se adore a Dios con instrumentos santos."

La experiencia de este hombre es la de muchos cristianos, y suscita algunas preguntas que necesitamos responder a la luz de las Escrituras: ¿Existen instrumentos buenos o santos? ¿Hay instrumentos malos o satánicos? ¿Se puede usar cualquier instrumento en la adoración? ¿Hay en la Biblia una lista de instrumentos apropiados para la adoración? ¿Cuál es el criterio para seleccionar los instrumentos musicales en la adoración? ¿Debería la cultura influir en esta selección o no?

El objetivo de este capítulo es responder a estas preguntas, tomando la Palabra de Dios como base y referencia. Te animo a leer este capítulo con oración, pidiéndole a Dios sabiduría y discernimiento para entender la revelación de su Palabra en este tema importante.

¿Hay instrumentos buenos o malos?

El diccionario de la Real Academia Española define instrumento como "conjunto de diversas piezas combinadas adecuadamente para que sirva con determinado objetivo en el ejercicio de las artes y oficios." En el caso de un instrumento musical, el objetivo es producir sonido. Un instrumento musical es, por lo tanto, una herramienta que ha sido construida para producir sonido.

Si alguien te pide que pienses en un instrumento angelical, que se usa en el cielo, ¿cuál es el instrumento que viene a tu mente?

La mayoría de personas a las que les hago esta pregunta coinciden en el mismo instrumento: el arpa. En realidad, la asociación del arpa como instrumento usado en el cielo tiene base bíblica.

En Apoc. 15:2 leemos: "Vi también como un mar de vidrio mezclado con fuego; y a los que habían alcanzado la victoria sobre la bestia y su imagen, y su marca y el número de su nombre, en pie sobre el mar de vidrio, con arpas de Dios."

Algunas personas, al leer "arpas de Dios", entienden que las arpas son divinas o santas; y concluyen en que, si existen instrumentos santos, entonces también existen instrumentos satánicos.

Volviendo a las arpas, encontramos en la Palabra de Dios algunas referencias en las que el arpa no es tan "divina" como en el cielo. El arpa estaba conectada a la borrachera:

> "¡Ay de los que se levantan muy de mañana para seguir la embriaguez; de los que trasnochan, hasta que el vino los enciende! Y en sus banquetes hay arpas, vihuelas, tamboriles, flautas y vino, y no miran la obra de Jehová, ni consideran la obra de sus manos." (Isa. 5:11, 12)

En este capítulo el profeta Isaías menciona una serie de instrumentos, entre los que se encuentra el arpa, en el contexto de la borrachera y de personas que no obedecen a Dios. El arpa, como instrumento musical, era utilizado en Israel tanto para adorar a Dios en el templo o fuera del templo, como para irse de fiesta, embriagarse y deshonrar el nombre de Dios.

El instrumento musical es el mismo. Que sea "bueno" o "malo" depende de cómo se utilice.

El arpa también estaba relacionada con la prostitución:

> "Y acontecerá en aquel día, que Tiro será puesta en olvido por setenta años, como días de un rey. Después de los setenta años le sucederá a Tiro como en la canción de la ramera: Toma un arpa, y rodea la ciudad, oh ramera olvidada; haz buena melodía, reitera la canción, para que seas recordada." (Isa. 23:15, 16)

¿Por qué el profeta Isaías asocia el arpa con una ramera o prostituta? Si bien Isa. 23 usa un lenguaje metafórico, la figura metafórica usada por el profeta tiene raíces en las prácticas cúlticas de Egipto. Hay numerosos descubrimientos arqueológicos que muestran sacerdotisas egipcias tocando el arpa. [64] De hecho, cuando el pueblo de Israel sale de Egipto, es muy probable que entre los objetos de valor que se llevaron existieran algunas arpas (*kinnor*). Los egipcios utilizaban este instrumento musical para diferentes eventos, entre los cuales se incluye la adoración en sus cultos paganos. Las sacerdotisas egipcias ejercían la prostitución sagrada cantando, danzando y tocando el arpa, entre otros instrumentos musicales.

Algunas personas afirman que el criterio para que un instrumento "agrade a Dios" o para que se use en la adoración, es que tenga un origen bueno o "de buen nombre." Si fuera así, Dios nunca hubiera permitido que un instrumento musical como el arpa formara parte del culto al Dios verdadero en Israel. Gén. 4:21 nos dice que Jubal Caín fue el primero en tocar arpas, por lo que deducimos que él las construía. [65] Un descendiente de Caín con seguridad no construyó este instrumento para adorar al Dios verdadero. Por otro lado, cuando el pueblo de Israel sale de Egipto, siglos despúes, están familiarizados con el uso del arpa en el contexto de la prostitución y la adoración a dioses paganos. Aún así el arpa llega a ser un instrumento utilizado en el atrio del santuario y del templo. Una vez más la Palabra de Dios nos enseña que Dios "redime" no sólo las personas, sino también los objetos. El arpa es usada en los templos paganos egipcios, pero también es usada en el culto al único

---

[64] http://www.galeon.com/martin-cano/sacerdotisas1.htm

[65] Gén. 4:17-21: "Caín tuvo relaciones sexuales con su esposa, y ella quedó embarazada y dio a luz a Enoc. Luego Caín fundó una ciudad, que llevaba el nombre de su hijo Enoc. Enoc tuvo un hijo llamado Irad, Irad fue el padre de Mehujael. Mehujael fue el padre de Metusael, Metusael fue el padre de Lamec. Lamec se casó con dos mujeres. La primera se llamaba Ada y la segunda, Zila. Ada dio a luz a Jabal, quien fue el primero de los que crían animales y viven en carpas. El nombre de su hermano fue Jubal, el primero de todos los que tocan el arpa y la flauta."

Dios verdadero. El Apocalipsis nos dice que será usada en el cielo por Dios mismo y sus santos ángeles. ¡Qué extraordinario ejemplo de redención!

El instrumento musical es el mismo; que sea "bueno" o "malo" depende de cómo se utilice.

Es peligroso confundir "santo" con "mágico." Atribuir a un instrumento musical un valor moral (bueno o malo) no está de acuerdo con los principios bíblicos, ya que un instrumento es un objeto y no tiene conciencia. Como objeto, no puede tener calidad moral.

> La creencia de que un componente físico de la música tiene el poder para determinar una condición espiritual o ética — que resulte en conductas o pensamientos buenos o malos — pertenece a una forma de pensamiento pagano, que nos lleva a un espíritu de idolatría. La idolatría consiste en atribuirle al objeto — en sí mismo — poderes mágicos. En el caso de la música ese poder se le atribuiría a una melodía o escala musical (por ejemplo: *blues*, *folk*), una progresión de acordes en particular (acordes de séptima, de novena, una tríada mayor), un patrón rítmico (la síncopa, ritmo de marcha), o al sonido de un instrumento en particular (guitarra, tambores, saxofón, piano, órgano). La Palabra de Dios nos enseña, sin embargo, que el poder transformador no resulta de la contemplación de la obra humana, cualquiera que sea. En cambio, pertenece sólo a la acción divina: es el trabajo del Espíritu Santo.[66]

Con frecuencia escucho que algunos cristianos preguntan: "¿Cómo podemos usar en la iglesia un instrumento que fue dedicado a los ídolos en África? ¡Ese instrumento pertenece al diablo!"

Para comenzar, yo no sé si el vestido *Made in China* que me compré para adorar el sábado en la iglesia, fue dedicado a un dios pagano. No sé si los árboles con los que se fabricó

---

[66] Doukhan, *In Tune with God*, 53.

el papel de la Biblia que llevo a la iglesia el sábado pertenecieron a un traficante de droga espiritista de Tennessee. Tampoco sé si el marfil con el que se hizo el teclado del piano de mi iglesia fue vendido por un ladrón de marfil de elefantes ateo de Tailandia. La procedencia de los objetos con los que adoramos no convierte los objetos en santos o satánicos.

Lo que sí sé, porque la Biblia lo dice claramente, es que, si dedico a Dios mi vida entera, adorando a Dios en todo lo que hago, Dios estará presente en mi adoración.

Si le pido al Señor que me ayude a darle gloria con mi forma de vestir, si estudio la Palabra de Dios con humildad y oración, pidiendo la ayuda del Espíritu Santo para que santifique mi intelecto y quite los prejuicios de mi mente para entender su Palabra, Dios estará presente en mi adoración.

Si antes, durante y después de tocar los instrumentos en la iglesia — o donde sea — mi mente está en conexión con Dios y mi corazón afinado con su voluntad, si dejo que el Espíritu Santo ministre en mi vida y edifique la iglesia, haciéndolo de corazón para el Señor, entonces Dios estará presente en mi vida, santificándolo todo.

La especialidad de Dios no es acusar, sino salvar, redimir, y restaurar. Él mismo nos enseña a adorar en Espíritu y en verdad.

Los verdaderos instrumentos que Dios desea afinar con su corazón somos tú y yo. Nosotros somos los instrumentos que necesitamos ser santificados por la acción del Espíritu Santo en nuestra vida.

Los instrumentos musicales en el Antiguo Testamento

La Palabra de Dios menciona diversos instrumentos musicales en el Antiguo Testamento. Ez. 28:13-15 hace referencia a instrumentos musicales fabricados en el cielo, antes de la creación de la tierra:

"En Edén, en el huerto de Dios estuviste; de toda piedra preciosa era tu vestidura; de cornerina, topacio, jaspe, berilo crisólito y ónice; de zafiro, carbunclo, esmeralda y oro; los primores de tus tamboriles y flautas estuvieron preparados para ti en el día de tu creación."[67] (RV 1960)

Dios creó la música en el cielo antes de la creación de este mundo,[68] por lo que imaginar instrumentos musicales en el cielo no se hace extraño. Incluso el ser humano, creado a imagen de Dios, es considerado un instrumento musical, ya que puede producir sonidos musicales con sus cuerdas vocales, y percusión con las manos, los pies, etc. ¡Dios nos creó con la capacidad de producir música!

La Biblia nos cuenta que Jubal — descendiente de Caín — fue "el padre de todos los que tocan arpa y flauta" (Gén. 4:21).

Los instrumentos musicales son objetos fabricados por el ser humano, que evolucionan junto con la tecnología. Gén. 4 hace mención del arpa (*kinnor*) y la flauta (*ugav*); dos instrumentos fáciles de construir.

Las primeras cuerdas del arpa se fabricaron con intestinos de lagartos o serpientes. Estos se limpiaban, se secaban al sol, se tensaban y sujetaban a una armazón de madera que hacía de caja de resonancia. Las primeras flautas se construyeron de cañas, trozos de madera ahuecados o huesos de animales perforados.

---

[67] Existe una controversia entre los eruditos bíblicos sobre la correcta traducción de Ezequiel 28:13. Algunas versiones de la Biblia traducen "tamboriles y flautas" como "piedras preciosas."
[68] Véase Job 38:7.

Sin duda la música ocupó un lugar muy importante en la vida del pueblo de Israel, y el rey David fue uno de sus músicos más notables.

El texto bíblico nos cuenta que, al ver a Saúl atormentado, algunos de sus siervos le aconsejaron "musicoterapia":

"Busquemos a un buen músico para que toque el arpa cada vez que el espíritu atormentador te aflija. Tocará música relajante, y dentro de poco estarás bien.

"Me parece bien" — dijo Saúl. "Búsquenme a alguien que toque bien y tráiganlo aquí."

Entonces un siervo le dijo a Saúl: "Uno de los hijos de Isaí de Belén tiene mucho talento para tocar el arpa" (1 Sam. 16:16-18).

David no sólo tocaba bien el arpa y la lira, también era luthier, es decir, constructor de instrumentos musicales de cuerda. Durante la inauguración del templo de Salomón, la Biblia relata que los levitas "acompañaban el canto con la música de los instrumentos que el rey David había hecho para alabar al Señor" (2 Crón. 7:6).

Salmo 150

Escrito por David, este Salmo hace referencia a todas las familias instrumentales de la orquesta sinfónica: la familia de las cuerdas, de viento madera, de viento metal y de percusión. El Salmo 150 es una explosión de alegría y en él descubrimos las cuatro dimensiones de la adoración: A quién adoramos: a Dios, en su santuario y su poderoso cielo, por qué adoramos: por sus obras poderosas, cómo adoramos: con toda clase de instrumentos, y quiénes adoramos: ¡todo lo que respira!

¡Alabado sea el Señor!
Alaben a Dios en su santuario;
¡alábenlo en su poderoso cielo!

Alábenlo por sus obras poderosas;
¡alaben su grandeza sin igual!

Alábenlo con un fuerte toque del cuerno de carnero;
¡alábenlo con la lira y el arpa!

Alábenlo con panderetas y danzas;
¡alábenlo con instrumentos de cuerda y con flautas!

Alábenlo con el sonido de los címbalos;
alábenlo con címbalos fuertes y resonantes.

¡Que todo lo que respira cante alabanzas al Señor!
¡Aleluya!

En el Salmo 150 David menciona instrumentos de toda clase. Al leerlo surge una pregunta: ¿Entonces, son todos los instrumentos apropiados para alabar a Dios?

Para responder esta pregunta, hemos de tener en cuenta el contexto en el que David escribe. La música formaba parte de todas las actividades del pueblo de Israel. Ellos no distinguían entre música religiosa y música secular. Para ellos, toda la música estaba directa e íntimamente relacionada con su Creador. La adoración no se limitaba al templo, ni al sábado, ni al momento de los sacrificios.

Sin embargo, el pueblo de Israel sí que hacía una distinción entre la música litúrgica y la no litúrgica. Por música litúrgica entendemos aquella que es utilizada en el culto público o congregacional. Desde que los levitas fueron designados para encargarse de la música del santuario —posteriormente templo de Salomón— nadie más en Israel tenía la responsabilidad de elegir y dirigir la música durante el culto congregacional. Los levitas eran los ministros de música y también los encargados de tocar los instrumentos musicales.

La música no litúrgica consistía en los cantos e instrumentos utilizados en el culto individual de los israelitas, en las fiestas o eventos que eran religiosos, pero se celebraban fuera del santuario o templo.

Así, la música formaba parte de las ceremonias religiosas litúrgicas (durante el sábado o las horas del sacrificio en el atrio del templo) y no litúrgicas (durante la fiesta de la cosecha, el culto personal o familiar, etc.). Había música para bodas, para funerales, para coronaciones, para las guerras, para despedir a un familiar, para celebrar la pascua, para enseñar la ley a los niños, etc.[69]

Salomón, el más sabio de los hombres, escribe en Eclesiastés que "hay un tiempo para todo" (Ecl. 3:1). Este principio bíblico sin duda se aplica al uso de los instrumentos musicales en la experiencia de adoración del pueblo de Israel. Al estudiar detenidamente el uso de los instrumentos musicales en el Antiguo Testamento notamos cómo su uso depende de la ocasión y del evento.

Los instrumentos musicales en el atrio del santuario y del templo de Salomón

El ritual del santuario establecido en el tiempo de Moisés (y posteriormente el templo de Salomón) era un tipo de la obra de Cristo por la humanidad. ¿Qué significa tipo en la Biblia? Que tanto el mobiliario como los símbolos y el ritual del sacrificio en el santuario y templo apuntan a la persona de Jesús, el Cordero de Dios que quita el pecado del mundo, y a su obra intercesora por nosotros, sus hijos.

---

[69] Webber, *Ancient-Future Worship*, 48-9.

La adoración en el templo, enfocada primordialmente en los sacrificios, no tenía un carácter entusiasta, sino que favorecía la dignidad y la reverencia. Por lo tanto, se evitaba cualquier cosa que promoviera reacciones sensuales o entusiastas. Pero la alegría y las celebraciones animadas no fueron evitadas en la religión bíblica. Los numerosos festivales religiosos, distribuidos durante todo el año, proveían numerosas oportunidades para expresiones alegres, fuertes y exuberantes, en las que los instrumentos ausentes en el templo encontraron su lugar. El uso apropiado de la música ocurre cuando la música permanece veraz a los valores de la ocasión y a una adoración auténtica a Dios mientras mantiene un equilibrio tanto de alegría como de reverencia.[70]

El ritual del sacrificio en el santuario y posteriormente el templo era un momento que requería introspección, reflexión, y un profundo sentimiento de solemnidad. El pecador se acercaba para ofrecer un animal, recordando que una víctima inocente debía morir por sus pecados. El momento requería arrepentimiento y confesión de los pecados. Por eso la música que acompañaba este ritual debía acompañar la ocasión. Tenía un carácter reflexivo y solemne. La música era principalmente vocal. Los instrumentos acompañaban, es decir, estaban en un segundo plano respecto a la voz, ya que el protagonismo estaba en la letra de los cantos, no en el acompañamiento instrumental.

Los instrumentos que se nombran repetidamente para las prácticas musicales del templo son las arpas, las liras, las trompetas y los címbalos.[71]

---

[70] Doukhan, *In Tune with God,* 115.
[71] Véase 1 Crón. 15:16; 19-22, 28; 16:5, 6; 25:1-6; 2 Crón. 5, 7.

Arpas y liras

Tanto las arpas como las liras son instrumentos de cuerda pulsada, que producen un sonido suave. David vivió en el siglo X a.C., y la polifonía (simultaneidad de sonidos) no surgió hasta el siglo IX d.c., por lo tanto, el arpa y la lira seguramente no tocaban arpegios o acordes, sino una o eventualmente dos notas a la vez, acompañando la melodía del canto.

Las arpas tenían de diez a doce cuerdas que se pulsaban con los dedos. Las cuerdas estaban sujetas a una caja de resonancia, que se apoyaba en el piso.

Las liras solían tener entre tres y diez cuerdas que se pulsaban con un plectro o con los dedos. La caja de resonancia era más pequeña que la del arpa, y se apoyaba en el pecho del ejecutante.

Trompetas

Las trompetas tienen carácter heráldico y hasta el día de hoy se usan para anunciar un evento o personalidad importante. En la Biblia la palabra trompeta se utiliza para hacer referencia a dos tipos: la trompeta de plata y el *shofar*, hecho de cuerno de carnero. Ambos instrumentos se utilizaban para señalar eventos, no para tocar melodías. La luna nueva y algunas otras fiestas se anunciaban con el sonido de dos trompetas de plata:

> "El Señor le dijo a Moisés: 'Haz dos trompetas de plata labrada a martillo para convocar a la comunidad a reunirse y dar la señal de levantar el campamento. Al toque de ambas trompetas, todos deben reunirse ante ti a la entrada del tabernáculo; pero si se toca solo una trompeta, entonces solo los líderes —los jefes de los clanes de Israel— tendrán que presentarse ante ti.

Cuando hagas sonar la señal para continuar el viaje, las tribus acampadas en el lado oriental del tabernáculo levantarán el campamento y avanzarán. Cuando hagas sonar la señal por segunda vez, las tribus acampadas en el lado sur las seguirán. Haz sonar toques cortos como señal de ponerse en marcha, pero cuando convoques al pueblo a asamblea, toca las trompetas de forma diferente. Únicamente los sacerdotes, los descendientes de Aarón, podrán tocar las trompetas. Esta es una ley perpetua para ustedes y tendrá que cumplirse de generación en generación.

Cuando lleguen a su propia tierra y vayan a la guerra contra sus enemigos que los atacan, darán la alarma con las trompetas. Entonces el Señor los recordará y los rescatará de sus enemigos. También hagan sonar las trompetas en tiempos de alegría, en sus festivales anuales y al principio de cada mes. Además, toquen las trompetas cuando entreguen las ofrendas quemadas y las ofrendas de paz. Las trompetas le recordarán a su Dios el pacto que hizo con ustedes. Yo soy el Señor su Dios." (Núm. 10:1-10)

En el día que comenzaba el año del jubileo, el *shofar* de cuerno de carnero anunciaba la liberación de los esclavos y la devolución de tierras o casas a sus dueños.

El *shofar* está asociado al sacrificio de Isaac, en el que un carnero enredó sus cuernos en un arbusto, llegando a ser el sacrificio sustitutorio por Isaac. Desde entonces, el cuerno de carnero estuvo ligado a eventos litúrgicos y eventos relacionados con el sacrificio. Hasta el día de hoy el shofar se toca para anunciar el Nuevo Año Judío y el fin del día de la Expiación. En el antiguo Israel también se usaba para fiestas específicas, y para dar la bienvenida al sábado, el Viernes por la tarde.[72]

---

[72] Doukhan, *In Tune with God*, 112.

105

Címbalos

Eran pequeños instrumentos de percusión, circulares, hechos de bronce. Se usaban para indicar el comienzo de una canción o estrofa. No se han encontrado evidencias de que se utilizaran para acompañar los cantos o marcar el ritmo de los Salmos. Los címbalos no son instrumentos ruidosos. Su sonido es suave, comedido.

Los pueblos circundantes a los hebreos, como los egipcios, los asirios y los sumerios, usaban también arpas, liras, trompetas y címbalos en su música litúrgica, durante sus cultos congregacionales. Los descubrimientos arqueológicos de la época no muestran indicios de que los instrumentos del pueblo de Israel fueran únicos o diferentes de los pueblos que les rodeaban; pueblos paganos que adoraban varios dioses y practicaban la idolatría.

Instrumentos musicales fuera del templo

Hay varias ocasiones en las que la Palabra de Dios enumera instrumentos musicales utilizados para adorar a Dios en un contexto no litúrgico; es decir, fuera del templo. Examinemos algunos de ellos.

David traslada el arca a Jerusalén

2 Sam. 6:5 narra la historia del traslado del arca del pacto: "David y todo el pueblo de Israel celebraban ante el Señor, entonando canciones y tocando todo tipo de instrumentos musicales: liras, arpas, panderetas, castañuelas y címbalos."

Ellen White comenta acerca de este evento:

> Los hombres de Israel seguían el arca, con palabras de alabanza y de alegría, y con cantos de júbilo, pues era una gran multitud de voces la que se unía a la melodía y el sonido de los instrumentos musicales. "Así David y toda la casa de Israel

llevaban el arca de Jehová con júbilo y sonido de trompeta." Hacía mucho que Israel no presenciaba semejante escena de triunfo. Con solemne alegría, la enorme procesión iba serpenteando entre las colinas y los valles, hacia la ciudad santa.[73]

Refiriéndose al traslado del arca tres meses después, Ellen White comenta:

> Nuevamente el largo séquito se puso en movimiento, y flotó hacia el cielo la música de arpas y cornetas, de trompetas y címbalos, fusionada con la melodía de una multitud de voces. En su alegría, David "danzaba con todas sus fuerzas delante de Jehová", al compás de la música. [...] Las solemnes ceremonias que acompañaron el traslado del arca habían hecho una impresión duradera sobre el pueblo de Israel, pues despertaron un interés más profundo en el servicio del santuario y encendieron nuevamente su celo por Jehová. Por todos los medios que estaban a su alcance, David trató de ahondar estas impresiones. El servicio de canto fue hecho parte regular del culto religioso, y David compuso Salmos, no solo para el uso de los sacerdotes en el servicio del santuario, sino también para que los cantara el pueblo mientras iba al altar nacional para las fiestas anuales.[74]

Samuel, al nombrar los instrumentos usados en esta ocasión, dice "todo tipo de instrumentos musicales: liras, arpas, panderetas, castañuelas y címbalos" (2 Sam. 6:5) De los cinco instrumentos mencionados, tres son de percusión: las panderetas, las castañuelas y los címbalos. Evidentemente esta era una ocasión alegre, pero no por ello era irreverente o inapropiada. ¡Todo lo contrario! De hecho, como acabamos de leer, Ellen White usa las palabras "solemne alegría" para describir el carácter de la adoración del pueblo de Israel durante este evento.

---

[73] Ellen White, *Historia de los Patriarcas y Profetas*, 662.
[74] Idem.

David era un hombre efusivo a quien le gustaba la música alegre. De hecho, en esta ocasión no se puede contener y expresa su adoración danzando con todas sus fuerzas delante de Dios. Dios, que conoce el corazón de su siervo, aprueba su ofrenda de adoración.

Las panderetas (también llamadas tamboriles en la Biblia) y las castañuelas son instrumentos que no tienen un sonido suave. Hacen bastante ruido. En esta ocasión, en la que David y el pueblo celebran la presencia de Dios y le cantan con alegría y entusiasmo, estos instrumentos, junto con las arpas, las liras y los címbalos, son los más apropiados para el momento y el evento.

¿Por qué las panderetas (o tamboriles) y las castañuelas no forman parte de los instrumentos musicales usados en el templo, en ocasión de los sacrificios? Hemos mencionado antes que el momento del sacrificio es más reflexivo y menos entusiasta. Estos instrumentos no serían los más apropiados, por eso se usan instrumentos musicales más suaves y con un sonido más intimista.

Lilianne Doukhan, después de realizar una investigación exhaustiva respecto de este tema, agrega otra razón por la que estos instrumentos podrían estar excluidos del servicio del templo:

> Con la salvedad de pocas excepciones, tocar el tamboril estaba generalmente asociado con las mujeres, quienes usaban el instrumento para acompañar el canto y la danza. La práctica cultural del Cercano Este en la antigüedad, al asociar tambores con mujeres, puede proveer una respuesta a la ausencia de tambores en el servicio del templo. De hecho, sólo se permitía a los hombres participar en el servicio del templo, y la música era provista exclusivamente por levitas varones.
>
> Aunque las mujeres ciertamente jugaron un rol importante en los eventos extralitúrgicos, no se les permitía ir más allá del patio de las mujeres y entrar en el atrio de los israelitas,

mucho menos oficiar los sacrificios en el atrio de los sacerdotes. Es, pues, muy posible que el carácter femenino de los tamboriles hiciera que fueran excluidos del servicio del templo. El uso de los tamboriles en las dependencias del templo en ocasión de diferentes eventos religiosos (como la Fiesta de los Tabernáculos en el patio de las mujeres) indica que el problema no reside en el instrumento en sí, en el sentido de que no es apropiado para la adoración. En ese caso el tamboril también hubiera sido inapropiado y excluido de las celebraciones no litúrgicas (como el traslado del arca a Jerusalén). El problema parece ser más de naturaleza cultural, es decir, convenciones particulares practicadas en un tiempo y espacio específicos.[75]

El canto de Moisés y Miriam tras el cruce del Mar Rojo

"Entonces Moisés y el pueblo de Israel entonaron el siguiente cántico al Señor:

'Cantaré al Señor,
porque ha triunfado gloriosamente;
arrojó al mar al caballo y al jinete.

El Señor es mi fuerza y mi canción;
él me ha dado la victoria.
Él es mi Dios, y lo alabaré;
es el Dios de mi padre, ¡y lo exaltaré!' […]

Entonces la profetisa Miriam, hermana de Aarón, tomó una pandereta, se puso al frente, y todas las mujeres la siguieron, danzando y tocando sus panderetas. Y Miriam entonaba este cántico:

Canten al Señor,
porque ha triunfado gloriosamente;
arrojó al mar al caballo y al jinete."

---

[75] Doukhan, *In Tune with God*, 113.

El canto de Moisés y de Miriam es el primer canto congregacional registrado en las Escrituras. Un canto de liberación. El instrumento que se nombra es la pandereta, tocada por Miriam y las mujeres israelitas. En aquel momento Israel todavía no tenía música litúrgica y no litúrgica, ya que el santuario sería construido más tarde, así como la mayor parte del repertorio de cantos, que aún había de ser escrito. Pero sí tienen un Dios que "no puede ser contenido ni siquiera por los cielos" (2 Crón. 6:18) y todo el pueblo adora con inmensa alegría expresada en cantos y danzas sagradas.

El canto de Moisés y de Miriam no es menos santo ni menos apropiado porque usara panderetas. De hecho, es el primer canto en la Biblia y el último canto, entonado por los redimidos, es el canto del Moisés y del Cordero, cantado también frente a un mar, celebrando la victoria, con el corazón lleno de la alegría que sólo la libertad de la salvación puede dar.

Profetizando con instrumentos

"Cuando llegues a Guibeá de Dios, donde está la guarnición de los filisteos, encontrarás a un grupo de profetas que desciende del lugar de adoración. Estarán tocando un arpa, una pandereta, una flauta y una lira, y estarán profetizando. En ese momento el Espíritu del Señor vendrá poderosamente sobre ti y profetizarás con ellos. Serás transformado en una persona diferente." (1 Sam. 10:5, 6)

Una vez más, las Escrituras mencionan dos instrumentos musicales en el contexto de la adoración que no se utilizan en el atrio del templo: la flauta y la pandereta. Llama la atención que Samuel use la palabra "profetizar" refiriéndose al grupo de profetas que está tocando música. En la Biblia la palabra "profetizar" significa hablar en nombre y por inspiración de Dios. De hecho, Samuel asocia la acción de profetizar a la de tañer instrumentos musicales.

110

En 1 Crón. 25:1 se encuentra otra asociación entre el don de profetizar y el de tocar instrumentos musicales: "Asimismo David y los jefes del ejército apartaron para el ministerio a los hijos de Asaf, de Hemán y de Jedutún, para que profetizasen [*hannebiim*] con arpas, salterios y címbalos..." Las traducciones de Reina Valera antigua, Reina Valera 1960, 1977, 1995, y Biblia de Jerusalén (entre otras) traducen *hannebiim* como "profetizar." Otros eruditos bíblicos traducen la misma palabra como "proclamar los mensajes de Dios" (NTV), "comunicar mensajes proféticos" (DHH) o "comunicar mensajes de Dios" (TLA).

En todo caso, las Sagradas Escrituras son claras en revelar que el Espíritu Santo se manifiesta tanto cuando se "proclaman o comunican los mensajes de Dios" — o lo que es lo mismo, se "profetiza" — con arpas, liras, címbalos como cuando se usan flautas y panderetas. Es decir, el Espíritu Santo se manifiesta tanto con instrumentos que Israel usaba dentro como fuera del Templo, tocados por hombres o mujeres, en ocasiones litúrgicas o no litúrgicas. Las ocasiones son diferentes, pero el Espíritu de Dios es el mismo.

Cambio de la adoración en el Nuevo Testamento

Cuando Jesús pronunció las palabras "consumado es" y entregó su vida por nosotros, el velo del templo se rasgó.

En el templo de Salomón, después de la muerte de Jesús, los sacerdotes seguían ofreciendo sacrificios, como siempre. Los levitas tocaban los instrumentos apropiados para el lugar y la ocasión, como siempre. Sin embargo, su adoración ya no era aceptable ante el Padre. No porque los instrumentos fueran inadecuados, sino porque Jesús, el Cordero de Dios, ya había muerto por nosotros. El velo del templo se había rasgado, señalando el final del antiguo pacto y el comienzo del nuevo. Ellen White describe esta escena de forma magistral:

Las trompetas, los instrumentos de música y las voces de los cantores resonaban tan fuerte y claramente como de costumbre. Pero un sentimiento de extrañeza lo compenetraba todo. Una persona tras otra se preguntaba acerca del extraño suceso que había acontecido. Hasta entonces, el lugar santísimo había sido guardado en forma sagrada de todo intruso. Pero ahora estaba abierto a todos los ojos. El pesado velo de tapicería, hecho de lino puro y hermosamente adornado de oro, escarlata y púrpura, estaba rasgado de arriba abajo. El lugar donde Jehová se encontraba con el sumo sacerdote, para comunicar su gloria, el lugar que había sido la cámara de audiencia sagrada de Dios, estaba abierto a todo ojo; ya no era reconocido por el Señor. (...) Muchos de los que en esa ocasión participaron del ceremonial no volvieron nunca a tomar parte en los ritos pascuales. Muchos, aun entre los sacerdotes, se convencieron del verdadero carácter de Jesús. Su investigación de las profecías no había sido inútil, y después de su resurrección le reconocieron como el Hijo de Dios.[76]

La vida, muerte y resurrección de Jesús transformaron completamente la liturgia de aquellos judíos que aceptaron a Jesús. La incipiente liturgia cristiana de la iglesia primitiva acababa de nacer. El poderoso movimiento liderado por los discípulos y por Pablo revolucionó la forma de adoración hasta entonces conocida por los judíos. El templo de Salomón dejó de tener la función que había tenido hasta entonces. Los sacrificios animales ya no eran necesarios ni tenían ningún valor. El Cordero de Dios ya había muerto por nuestros pecados. El lugar santísimo aquí en la tierra ya no era reconocido como tal por el Padre (citando a Ellen White). El gran Sumo Sacerdote comenzaría su intercesión por nosotros en el cielo, y sus hijos nos podríamos acercar a él con confianza, sin miedo. Ahora todos somos llamados "sacerdotes, linaje santo, pueblo adquirido por Dios" (1 Ped. 2:9).

---

[76] Ellen White, *El Deseado de Todas las Gentes*, 721.

Jesús ya había anunciado que, en el templo de Salomón, orgullo del pueblo de Israel, "no quedaría piedra sobre piedra" (Mat. 24:2) Jesús también había dicho: "donde se reúnen dos o tres en mi nombre, yo estoy allí entre ellos" (Mat. 18:20).

Pablo, inspirado por el Espíritu Santo, afirma que los discípulos de Jesús "somos el templo del Dios viviente" (2 Cor. 6:16). Esta nueva realidad tiene un gran impacto sobre el culto cristiano. Jesús ya iba anticipando el asombroso cambio que se avecinaba cuando le dijo a la mujer samaritana junto al pozo de Jacob que la verdadera adoración no tenía que ver con un templo en concreto, sino con una adoración "en Espíritu y verdad" (Juan 4:23, 24).

¿Qué tiene ésto que ver con los instrumentos musicales? Los instrumentos musicales que se utilizan en el atrio del Templo, en el Antiguo Testamento, están asociados al rito de los sacrificios, como hemos estudiado antes.

La pregunta que escucho con más frecuencia y la que más debate engendra en el tema de los instrumentos musicales es: Si la Biblia dice que no había instrumentos de percusión en el santuario ni en el templo, ¿no deberíamos evitar usar instrumentos de percusión en la iglesia hoy?

Necesitamos entender que el velo ya se rasgó.

Que la iglesia somos las personas, no el edificio, y que el edificio terrenal en el que nos reunimos ya no es un tipo de Cristo, como lo fue en el Antiguo Testamento y hasta que Jesús murió.

Que Dios no está más presente en el edificio en el que nos congregamos para adorarle que en nuestra casa, coche, mercado o lugar de trabajo.

Que no hay un compartimento llamado "lugar santo" ni "lugar santísimo" en ninguno de nuestros edificios terrenales, así como existían en el santuario o en el templo, porque a partir de la resurrección de Jesús los templos vivientes somos nosotros. Así lo ha declarado Dios en su Palabra. Cualquier lugar es santo si la presencia de Dios está en él.

Que vivimos bajo la gracia, y que todos los que aceptamos a Jesús como nuestro Salvador personal somos declarados sacerdotes del altísimo. Todos. Hombres y mujeres. Locales y extranjeros. Jóvenes y ancianos.

Que la verdadera adoración tiene más que ver con el Espíritu Santo que desea llenar nuestra vida y con la verdad que Dios reveló en su Palabra que con ritos, formas y ceremonias externas.

Cuando lleguemos a entender estas verdades bíblicas, comprenderemos que no podemos hacer una comparación entre el uso de las liras, arpas, trompetas y címbalos en el contexto del sacrificio realizado en el atrio del templo, porque ya no hay ni atrio, ni santuario terrenal, ni templo de Salomón, ni sacrificio de animales aquí en la tierra.

El velo ya se rasgó.

No volvamos a coserlo.

El nuevo pacto ya comenzó. ¡Aprendamos a disfrutar del don de la salvación que nos ofrece Dios en Jesucristo! ¡Aprendamos a disfrutar de la libertad de su gracia!

"No dejen que ninguna parte de su cuerpo se convierta en un instrumento del mal para servir al pecado. En cambio, entréguense completamente a Dios, porque antes estaban muertos, pero ahora tienen una vida nueva. Así que usen todo su cuerpo como un instrumento para hacer lo que es correcto para la gloria de Dios. El

pecado ya no es más su amo, porque ustedes ya no viven bajo las exigencias de la ley. En cambio, viven en la libertad de la gracia de Dios." (Rom. 6:13,14)

Criterios para seleccionar instrumentos musicales en la adoración

Desde el principio de este libro hemos estudiado que en la Palabra de Dios "adoración" es mucho más que música. Adorar implica una relación con nuestro Creador. Adorar es acercarnos a la presencia de Dios, buscándolo con toda nuestra mente, nuestro corazón y nuestras fuerzas. Adorarlo es ponerlo primero en nuestras prioridades, nuestros afectos, nuestras decisiones, nuestro tiempo y nuestros valores, para dejar que Dios ame, Dios decida, Dios controle nuestro tiempo y ordene nuestros valores. Adorar es reconocer a Dios soberano en nuestras vidas.

Ahora bien, hay una diferencia entre la adoración individual y la adoración congregacional. ¿En qué se diferencian?

Adoración individual

Cuando me despierto por las mañanas, me gusta pasar mi tiempo con Dios, antes de salir al trabajo. Adoro a Dios en pijama, antes de hacer cualquier otra actividad. Tomo tiempo para leer su Palabra y para buscar a Dios en oración. Como soy una farisea en rehabilitación, y tengo una grave tendencia a impresionar a Dios con mis obras, me cuesta mucho mantener la frescura de mi relación con Dios. Enseguida caigo en las "fórmulas correctas." Es decir: quiero impresionar a Dios con mis oraciones sinceras, con el estudio de la Palabra de Dios, con mis ofrendas generosas y mi obra misionera.

Ante la presencia de Dios descubro que nada de lo que yo pueda ofrecerle es suficiente para comprar la salvación que Él me ofrece gratuitamente. El precio que Él pagó, dando la vida de su único hijo por mí, es imposible de pagar con mis "buenas obras." De hecho, mis obras son "trapos de inmundicia"[77] para Él.

Desearía ser capaz de experimentar la salvación con la profundidad con que David la experimentó. David entendió que la salvación no dependía de lo que él hacía, sino de lo que Dios hizo y haría por él. Por eso, cuando tocó fondo, después de adulterar y asesinar, David le dijo al Señor: "Tú no deseas sacrificios; de lo contrario, te ofrecería uno. Tampoco quieres una ofrenda quemada. El sacrificio que sí deseas es un espíritu quebrantado; tú no rechazarás un corazón arrepentido y quebrantado, oh Dios" (Sal. 51:16, 17).

David fue un hombre del que Dios dijo que era "conforme a su corazón." (1 Sam. 13:14). Y porque David experimentó el profundo y asombroso amor de Dios, pudo adorarle como nadie más le adoró: le escribió las poesías más maravillosas de todos los tiempos, tocó instrumentos para Dios, construyó instrumentos para que se usaran en el templo, organizó la liturgia para ofrecerle a Dios lo más excelente, dirigió coros que exaltaran el nombre de Dios y danzó ante su presencia con alegría desbordante.

Sólo un corazón que ha experimentado la alegría de la salvación, puede adorar a Dios con alegría.

Cuando adoramos a Dios individualmente, en la intimidad y la infinita alegría que nos da entrar en su presencia, no hay normas ni límites que la Palabra de Dios revele. No hay instrumentos musicales apropiados o

---

[77] Isa. 64:6 "Estamos todos infectados por el pecado y somos impuros. Cuando mostramos nuestros actos de justicia, no son más que trapos sucios. Como las hojas del otoño, nos marchitamos y caemos, y nuestros pecados nos arrasan como el viento. Sin embargo, nadie invoca tu nombre."

inapropiados. No hay posturas corporales mejores o peores. No hay estilos musicales cuestionables. Sólo Dios y nosotros.

El Rey de reyes nos encuentra donde y como estamos. ¡Gracias, Señor, por tu gracia!

Adoración congregacional

Cuando nos reunimos para adorar en conjunto, como iglesia y cuerpo de Cristo, la adoración cumple dos funciones: (1) comunicarnos con Dios, y (2) edificarnos los unos a los otros como cuerpo de Cristo.

Así como no se me ocurriría ir en pijama a la iglesia, porque no sería apropiado, ya que es una ocasión en la que me preparo para adorar a Dios junto a mis hermanos y hermanas, hay aspectos de la adoración en conjunto que tienen que ver con la reverencia a Dios y la consideración y el respeto a la comunidad.

Hay diversos versículos en la Palabra de Dios que hablan de la adoración congregacional como expresión de la edificación mutua en la iglesia. Algunos de ellos son:

Col. 3:12-16: *"Dado que Dios los eligió para que sean su pueblo santo y amado por él, ustedes tienen que vestirse de tierna compasión, bondad, humildad, gentileza y paciencia. Sean comprensivos con las faltas de los demás y perdonen a todo el que los ofenda. Recuerden que el Señor los perdonó a ustedes, así que ustedes deben perdonar a otros. Sobre todo, vístanse de amor, lo cual nos une a todos en perfecta armonía. Y que la paz que viene de Cristo gobierne en sus corazones. Pues, como miembros de un mismo cuerpo, ustedes son llamados a vivir en paz. Y sean siempre agradecidos. Que el mensaje de Cristo, con toda su riqueza, llene sus vidas. Enséñense y aconséjense unos a otros con toda la sabiduría que él da. Canten salmos e himnos y canciones espirituales a Dios con un corazón agradecido. Y todo lo que hagan o digan, háganlo como representantes del Señor Jesús y den gracias a Dios Padre por medio de él."*

Sant. 5:13: *"¿Alguno de ustedes está pasando por dificultades? Que ore. ¿Alguno está feliz? Que cante alabanzas."*

1 Cor. 10: 23, 24, 31-33: *"Ustedes dicen: "Se me permite hacer cualquier cosa", pero no todo les conviene. Dicen: "Se me permite hacer cualquier cosa", pero no todo trae beneficio. No se preocupen por su propio bien, sino por el bien de los demás. (...)*

Así que, sea que coman o beban o cualquier otra cosa que hagan, háganlo todo para la gloria de Dios. No ofendan a los judíos ni a los gentiles ni a la iglesia de Dios. Yo también trato de complacer a todos en todo lo que hago. No hago solo lo que es mejor para mí; hago lo que es mejor para otros a fin de que muchos sean salvos."

1 Cor. 14:26: *"Ahora bien, mis hermanos, hagamos un resumen. Cuando se reúnan, uno de ustedes cantará, otro enseñará, otro contará alguna revelación especial que Dios le haya dado, otro hablará en lenguas y otro interpretará lo que se dice; pero cada cosa que se haga debe fortalecer a cada uno de ustedes."*

Efe. 5:15-20: *"Así que tengan cuidado de cómo viven. No vivan como necios sino como sabios. Saquen el mayor provecho de cada oportunidad en estos días malos. No actúen sin pensar, más bien procuren entender lo que el Señor quiere que hagan. No se emborrachen con vino, porque eso les arruinará la vida. En cambio, sean llenos del Espíritu Santo cantando salmos e himnos y canciones espirituales entre ustedes, y haciendo música al Señor en el corazón. Y den gracias por todo a Dios el Padre en el nombre de nuestro Señor Jesucristo."*

La Palabra de Dios hace énfasis en tener en cuenta al otro cuando venimos delante de Dios como sus hijos a adorar. Adorar a nuestro Padre — la perspectiva vertical de la adoración — nos pone en la perspectiva correcta: tenemos hermanos y hermanas a nuestro lado — la perspectiva horizontal de la adoración — y como comunidad venimos ante su presencia. Tomar conciencia de las diferentes realidades de la comunidad en la que adoramos es parte fundamental de la adoración, y hoy por hoy es uno de los mayores problemas que afectan a la iglesia.

La sociedad en la que vivimos promueve valores cada vez más individualistas. Cada vez es más difícil lograr que las personas se comprometan con un grupo o comunidad. Esta realidad está influyendo a la iglesia cristiana a tal punto que nos cuesta, más que nunca antes en la historia del cristianismo, adorar en conjunto, como congregación.

En los Estados Unidos de América, más del 70% de las iglesias cristianas del 2000 al 2010 se han dividido a causa de los estilos de adoración.[78] Esta cifra es alarmante, y nos muestra que el debate sobre la forma de adorar (qué instrumentos musicales deberían utilizarse y cuáles no, qué estilos de música son los más apropiados, etc.) está causando que las congregaciones se dividan.

En Juan 17:20-23 Jesús ora a su Padre:

"Mas no ruego solamente por éstos, sino también por los que han de creer en mí por medio de la palabra de ellos, para que todos sean uno; como tú, oh Padre, en mí, y yo en ti, que también ellos sean uno en nosotros; para que el mundo crea que tú me enviaste.

Y yo les he dado la gloria que me diste, para que sean uno, así como nosotros somos uno. Yo en ellos, y tú en mí, para que sean perfectos en unidad, para que el mundo conozca que tú me enviaste, y que los has amado a ellos como también a mí me has amado."

Ellen White, conociendo el debate que aún en el siglo XIX d.C. existía en las iglesias cristianas respecto al uso de instrumentos musicales, escribió:

El uso de instrumentos musicales no es de ninguna manera objetable. Estos se utilizaron en los servicios religiosos de los

---

[78] Véase http://faithcommunitiestoday.org/

tiempos antiguos. Los adoradores alababan a Dios con arpas y címbalos, de modo que la música debería tener su lugar debido en los servicios de culto. Contribuirá a mantener el interés.[79]

La música podría ser un gran poder para el bien, sin embargo, no aprovechamos como debiéramos esta forma de rendir culto. El canto por lo general se hace por impulso o para satisfacer casos especiales, y otras veces se deja que los que cantan lo hagan cometiendo errores; en esta forma la música pierde el efecto que podría ejercer sobre las mentes. La música debiera tener belleza, sentimiento y poder. Elévense las voces en cantos de alabanza y devoción. Llamad en vuestra ayuda instrumentos musicales, si eso es posible, y asciendan hacia Dios las gloriosas armonías como una ofrenda aceptable.[80]

En las reuniones que se realicen, escójase cierto número de personas para que participe en el servicio de canto. Y sea acompañado el canto con instrumentos musicales hábilmente tocados. No nos hemos de oponer al uso de la música instrumental en nuestra obra. Esta parte del culto debe ser cuidadosamente dirigida, pues es la alabanza a Dios por medio del canto.[81]

¿Qué instrumentos musicales son apropiados para el culto congregacional?

El documento oficial sobre los criterios para la formación de una filosofía adventista de la música que la Iglesia Adventista del Séptimo Día redactó y publicó en 2004 (que se encuentra completo en el apéndice de este libro) reconoce la globalidad y diversidad de la iglesia como comunidad. Como tal, acepta la contribución de diferentes culturas en la adoración a Dios. Esto incluye los instrumentos musicales:

---

[79] Ellen White, *El Evangelismo*, 114.
[80] Idem, 368.
[81] Ellen White, *Mensajes para los Jóvenes*, 208.

La música cristiana reconoce y acepta la contribución de diferentes culturas en la adoración a Dios. Las formas y los instrumentos musicales varían en gran manera dentro de la familia adventista del séptimo día mundial, y la música proveniente de una cultura puede parecer extraña para alguien de una cultura diferente.

Esta declaración implica que, si en Rusia la balalaika es un instrumento que se usa en la adoración y sirve para edificar a la congregación y alabar al Señor, entonces ese instrumento es apropiado en ese contexto cultural. Si en Guinea se usa la percusión y el pueblo de Dios se edifica de esa forma, entonces es apropiado para ese contexto cultural.

Con mucha frecuencia, al impartir seminarios de música y adoración en diferentes países me encuentro con congregaciones que sufren problemas y enfrentamientos al intentar integrar en su adoración un instrumento nuevo, al que la congregación no está acostumbrada, porque es extraño a su cultura o porque tiene asociaciones seculares. ¿Cómo se puede manejar esta situación de forma bíblica?

En este mismo capítulo hemos estudiado cómo la iglesia cristiana católica prohibió el uso de los instrumentos en la adoración en el Concilio de Laodicea (363-4 d.C.). Desde el Concilio de Laodicea (siglo IV) hasta la reforma luterana (siglo XVI) la adoración congregacional en las iglesias cristianas no se acompañó de instrumentos musicales, ya que los padres de la iglesia prohibieron su uso porque consideraban que tenían asociaciones paganas o satánicas. A continuación, veremos algunos ejemplos.

El órgano de tubos

¡Alguien debe ponerse firme! ... La iglesia debe ser un lugar de pureza y santidad, separado del mundo y su entretenimiento secular. ¿Cómo podría un buen cristiano concebir darle la bienvenida a la casa del Señor a este instrumento mundano?[82]

Estas palabras fueron dichas a finales del siglo XIX en Boston, por un cristiano laico que ofreció reembolsar el dinero que había costado comprar y trasladar el órgano de tubos que la iglesia había comprado recientemente, con tal de que no se instale.

El órgano de tubos, hoy considerado "el rey de los instrumentos", que luce en muchas de las catedrales y templos cristianos de todo el mundo, fue considerado un instrumento mundano y pagano durante varios siglos. Calvino, el gran reformador suizo, lideró una cruzada en la que arrancó, junto a algunos de sus discípulos, varios órganos de los templos cristianos y los tiraron al lago de Ginebra. Hasta hoy yacen en el fondo de ese lago.

El órgano fue usado en el siglo I y II d.C. por los romanos para diferentes actividades seculares. Entre ellas, amenizar las fiestas del circo, para divertir al pueblo. Cuando los primeros cristianos murieron devorados por las fieras en el circo romano, la música que sonaba de fondo era la del órgano romano hidráulico o portátil.

La asociación del órgano con el romanismo y la muerte de los primeros mártires cristianos hizo que fuera uno de los instrumentos que tardó más tiempo en incorporarse en la liturgia cristiana.

El piano

El primer *pianoforte* fue construido por Bartolome Cristofori hacia 1700, en Florencia. El pianoforte desciende del clavecín o clavicordio, pero a diferencia de éstos posee un mecanismo que permite accionar las cuerdas desde un

---

[82] Miller, *The Contemporary Christian Music Debate,* 107.

martillo, y crear diferentes intensidades: *piano* (suave en italiano) y *forte* (fuerte). El *pianoforte*, que más tarde se populariza como piano, es un instrumento de cuerda percutida. En su caja de resonancia yace un mecanismo de cuerdas metálicas tensadas de forma parecida a un arpa.

A mediados del siglo XVIII, cuando el piano se comienza a vender en tiendas especializadas, tenía un alto precio, por lo que se consideraba un instrumento lujoso. Sólo podían darse el lujo de tener un piano los nobles, los ricos y el alto clero en Europa y América del Norte. Por eso el piano está asociado, desde sus inicios, al lujo y al entretenimiento de la clase alta de la sociedad. La primera vez que un piano entra a una iglesia cristiana, causa una gran división en la feligresía, que considera que es un instrumento asociado al placer mundano y el entretenimiento secular.

El violín

El violín como es conocido hoy en día se construyó a comienzos del siglo XVI. También en esta época surgieron la viola y el violoncello. El renacimiento causó un gran impacto en todas las artes y particularmente en la construcción de violines y otros instrumentos musicales.

Durante la Edad Media la interpretación de instrumentos de cuerda estaba asociada a los juglares y trovadores. Estos músicos seculares y callejeros representaban el placer, el ocio, la fiesta, la diversión y estaban censurados por la iglesia. Solían acompañar con sus instrumentos musicales las canciones y poesías amorosas que componían, aunque también interpretaban música que servía de propaganda política y crítica a la iglesia y a las autoridades en general.

El violín, por lo tanto, estuvo asociado en sus orígenes con el entretenimiento secular prohibido por la iglesia. Por lo tanto, la integración del violín en la liturgia cristiana no fue fácil. Fue conocido en ciertos ambientes como "las cuerdas del diablo."[83]

El proceso de cambio

Si bien en la Palabra de Dios los instrumentos musicales formaron parte de la adoración congregacional, ya hemos estudiado que desde que la Iglesia Católica Romana prohibió su uso, en el Concilio de Laodicea (363-364 d.C.) y hasta la Reforma Luterana, los instrumentos dejaron de formar parte de la música de adoración congregacional. A partir del siglo XVI d.C., para que un instrumento se vuelva a aceptar e integrar en la adoración cristiana, tuvo que pasar por el siguiente proceso:

El proceso de integración de un nuevo instrumento en la iglesia

1. *Rechazo*: Generalmente la primera etapa es la del rechazo. El instrumento musical es una novedad, y existen miembros que sospechan de su origen pagano y de su asociación con el mundo. Predomina el miedo a que la adoración se vea contaminada o mundanalizada a causa del nuevo instrumento musical, por lo que no se lo quiere integrar en la adoración congregacional.

2. *Conflicto*: Generalmente las personas que tocan el nuevo instrumento son las que insisten en que puede ser una bendición para la iglesia. Se produce una discusión con argumentos a favor y en contra de la inclusión del nuevo instrumento.

3. *Aceptación*: En la mayoria de las veces, después de un período de conflicto, la iglesia decide darle la oportunidad al nuevo instrumento para que se integre en la adoración. Si la

---

[83] Véase http://letgodbetrue.com/bible/church/musical-instruments-in-the-church.php

integración es efectiva, el instrumento llega a ser parte regular de la adoración congregacional y la iglesia lo acepta como instrumento apropiado, lo que resulta en edificación de la iglesia.

4. *Tradición*: El mismo instrumento que hace algunos años causó división, ahora llega a ser parte de la tradición de adoración en la iglesia. Las nuevas generaciones crecen viendo y escuchando el nuevo instrumento en el contexto de la adoración dentro de la iglesia, por lo que en sus mentes se fija la asociación "instrumento nuevo, instrumento cristiano."

Este proceso suele llevar de cinco a quince años, en la mayoría de las congregaciones. Hay muchas variables en el proceso: en un extremo están las congregaciones que nunca aceptan nuevos instrumentos y en el otro extremo hay congregaciones que están totalmente abiertas al cambio e integran inmediatamente un nuevo instrumento en su adoración.

En el estudio de la FACT (*Faith Communities Today*) que hemos mencionado antes, las estadísticas muestran que las congregaciones cristianas que más han crecido en Estados Unidos de América del 2000 al 2010 son aquellas que tienen una actitud abierta a la innovación e integran instrumentos musicales que los jóvenes saben tocar.

En el siglo X a.C. David escribió el Salmo 150, en el que nos invita a alabar a Dios con toda clase de instrumentos musicales.

En el siglo IV d.C. los padres de la iglesia cristiana prohíben el uso de los instrumentos musicales por considerarlos de origen pagano.

En el siglo XVI, Martín Lutero reforma la teología y la liturgia cristiana, devolviendo al culto el uso de ciertos instrumentos.

En el siglo XVII el órgano, ciertos instrumentos de viento y de cuerda comienzan a integrarse en la liturgia cristiana.

En el siglo XVIII, el piano comienza a integrarse en la liturgia cristiana, junto con los instrumentos tradicionales de la orquesta sinfónica.

En el siglo XIX, la guitarra y otros instrumentos folklóricos se suman a los instrumentos sinfónicos en la adoración congregacional.

En el siglo XX los instrumentos amplificados, el bajo, la guitarra eléctrica y la percusión se comienzan a aceptar como parte de la adoración.

Desde la reforma luterana, cada época ha estado caracterizada por algunos instrumentos que han tenido que pasar por el proceso del cambio hasta ser integrados en las iglesias.

De niña era miembro de la iglesia Adventista del Instituto Adventista del Uruguay, donde mis padres trabajaban como profesores. Los instrumentos que acompañaban la adoración congregacional eran el piano y el órgano. Como pianista, nunca escuché a nadie que estuviera en contra del piano como instrumento apropiado para tocar en la iglesia.

Cuando mi hermana y yo éramos adolescentes, tomamos clases de guitarra, y cuando quisimos cantar una canción en la iglesia, recuerdo que un diácono nos prohibió tocar la guitarra durante el culto divino, el sábado por la mañana. Nos comentó que podríamos cantar con acompañamiento de guitarra durante el programa de sociedad de jóvenes, el sábado por la tarde, pero no el sábado por la mañana. Como adolescente, me pregunté por qué la guitarra no era apropiada para el culto del sábado por la mañana, pero sí para el culto del sábado por la tarde. También me pregunté por qué el piano era apropiado para todas las ocasiones.

Hace algunos años regresé a la iglesia que me vio crecer. Ahora utilizan piano, órgano, guitarras, y ocasionalmente teclado eléctrico, bajo y guitarras amplificadas. Pensé en cuánto han cambiado las cosas en treinta años, y sinceramente, me alegré de escuchar a los jóvenes adorando a Dios en Espíritu y verdad, con reverencia y alegría, con la libertad de saber que los instrumentos musicales no son ni buenos ni malos. Los instrumentos buenos o malos somos *nosotros*, que los tocamos.

Conclusión

Quisiera terminar este capítulo volviendo a la pregunta que me planteó mi hermano, al comienzo: "Yo no puedo escuchar la guitarra o la trompeta en la iglesia tocando música cristiana, porque para mí estos instrumentos no son de Dios, sino de la cantina... Por eso en mi iglesia no se toca ni la guitarra ni la trompeta. Quiero que mi mente esté limpia de esos recuerdos. Deseo que en la iglesia se adore a Dios con instrumentos santos."

"Querido hermano" — le respondí — "respeto su dolor y su frustración. Entiendo que usted asocie la guitarra y la trompeta a una vida de pecado que intenta dejar atrás. Sin embargo, permítame referirle a la Palabra de Dios, que dice que el Señor regresará del cielo "con voz de trompeta" (1 Tesa. 4:16). Cuando eso suceda, usted no podrá decirle a Dios: "Por favor, que los ángeles no toquen la trompeta, Señor, porque yo la asocio a la cantina y al pecado." Cuando suene esa trompeta, anunciando el regreso de Jesús, usted deberá sentir alegría, no tristeza. Para aquel momento, usted debe haber superado la asociación de la trompeta con la cantina. En Cristo Jesús somos nuevas criaturas. Las cosas viejas pasaron, ¡todas son hechas nuevas! (2 Cor. 5:16, 17). Le invito a que le pida al Señor en oración que cure esas heridas del pasado. Que abra su mente a la acción del Espíritu Santo para que Dios le haga libre del pasado de pecado y de culpa y le ayude a caminar en la libertad de la gracia de Dios."

Como hemos mencionado antes, Pablo escribe en Rom. 6:13,14:

"No dejen que ninguna parte de su cuerpo se convierta en un instrumento del mal para servir al pecado. En cambio, entréguense completamente a Dios, porque antes estaban muertos, pero ahora tienen una vida nueva. Así que usen todo su cuerpo como un instrumento para hacer lo que es correcto para la gloria de Dios. El pecado ya no es más su amo, porque ustedes ya no viven bajo las exigencias de la ley. En cambio, viven en la libertad de la gracia de Dios."

Nosotros, los hijos de Dios, somos sus instrumentos musicales favoritos, hechos a su imagen y diseñados por sus manos. Dios está deseando que en nuestra vida suene su melodía de amor y salvación, que seamos instrumentos de paz, de amor, donde nos ha llamado a dar su mensaje.

Para adorarlo como Él merece sólo necesitamos dejar que el Maestro afine nuestro corazón con el suyo. ¡Y que nuestra vida sea música a sus oídos!

CAPÍTULO 5
LOS ESTILOS MUSICALES A LA LUZ DE LA BIBLIA

E ra un hombre muy religioso, que amaba a Dios con todo su corazón, con toda su alma y con todas sus fuerzas. Creía firmemente en la misión de la iglesia, y estaba totalmente comprometido con ella. Había recibido la mejor educación de los mejores maestros de su tiempo, y él fue el alumno más brillante de su promoción.

Sabía la ley. Toda la ley. De memoria.

Un día Jesús lo encontró, y él se cayó. Se cayó de su forma de ver las cosas, de su mentalidad sectaria, de su religión de biblioteca. Se cayó estrepitosamente de su orgullo espiritual y de su complejo de superioridad. Porque cuando Jesús le encontró, su vida tocó fondo y realizó un giro radical.

Saulo se convirtió en Pablo. El perseguidor se convirtió en el perseguido y muy a menudo, en el prisionero. El hombre conocido por defender celosamente el judaismo llegó a ser el apóstol, evangelista y siervo que escribió las palabras más bellas sobre el amor y la gracia de Jesús.

Pablo es, también, el apóstol que más escribe sobre música y adoración en el Nuevo Testamento.

La palabra "adorar" en el contexto bíblico significa postrarse delante de alguien superior a nosotros, admitir que el único digno de honor es el gran Yo Soy. Quizás porque Pablo al encontrarse con Jesús cayó al suelo y se postró, aprendió de forma dramática el significado de la adoración verdadera, rumbo a Damasco.

Pablo se enamora de Jesús, y crece en una relación íntima y profunda con su nuevo Maestro, quien le enseña a desaprender una religión hostil para aprender la esencia de la verdadera religión: amar como Dios ama.

Aunque en el contexto del Nuevo Testamento Juan es conocido como el discípulo del amor, el poema de amor más hermoso de las Sagradas Escrituras lo escribe Pablo. En la primera carta a los Corintios, capítulo 13 nos dice que aunque él hablara el lenguaje de los ángeles, y tuviera toda la fe, toda la profecía, y entendiera todos los misterios y toda la ciencia; si no tuviera amor, no sería nadie, no tendría absolutamente nada.

La antigua vida fanática e intolerante de Pablo se inunda del amor de Jesús. Y la amistad de Pablo con Jesús llega a ser tan intensa, que Pablo dice que para él su vida es Jesús.

Me resulta muy significativo que Pablo dedique cientos de versículos a explicarnos cómo funciona la salvación por la fe en Cristo Jesús, cómo vivir en la gracia, en qué consiste la vida en Cristo, y hable tan poco de música. De hecho, aunque es el autor del Nuevo Testamento que más habla sobre adoración, sólo dedica dos versículos a nombrar tres estilos musicales: Col. 3:16 y Efe. 5:19.

Cientos de versículos que mencionan la fe, la gracia y la salvación en Jesús. Sólo dos versículos que mencionan los estilos musicales. ¿Por qué? Cuando leemos la Biblia con oración y humildad, pidiendo la guía del Espíritu Santo, entendemos que Dios nos habla en repetidas ocasiones sobre la actitud de nuestros corazones al adorarle, sin embargo, no es concreto respecto a las formas de expresión de nuestra adoración, lo cual es un mensaje en sí mismo.

Terminé el profesorado de música en Argentina a los dieciocho años. Tenía muchas preguntas en mi mente acerca de cuál era la música que verdaderamente le agradaba a Dios. Buscaba con sinceridad respuestas, pero no las encontraba en la Biblia, y eso me frustraba. No quería dedicarme a la música sin tener claro cómo servir a Dios a través del ministerio musical, así que comencé a orar, pidiéndole a Dios respuestas; contestaciones claras para mis inquietudes. "Dios" — oraba — "tú nos diste una lista de mandamientos, una lista de animales puros e impuros, ¿dónde está la lista de la música que debemos ofrecerte, la música que te agrada y la que no?"

Durante años intenté encontrar esas respuestas en la Palabra de Dios, sin éxito. Después de orar mucho sobre este tema, poco a poco Dios me fue enseñando, con mucha paciencia, que al acercarme a su Palabra debía hacerlo con humildad, buscando la guía del Espíritu Santo. Acercarme con mi propia agenda, mis prejuicios personales, exigiendo respuestas a preguntas equivocadas no era la actitud que me llevaría a aprender lo que Dios necesitaba enseñarme.

Ellen White escribe en el libro *El Camino a Cristo*:

> No debemos conformarnos con el testimonio de hombre alguno en cuanto a lo que enseñan las Santas Escrituras, sino que debemos estudiar las palabras de Dios por nosotros mismos. Si dejamos que otros piensen por nosotros, nuestra energía quedará mutilada y limitadas nuestras aptitudes.

> No podemos obtener sabiduría sin una atención verdadera y un estudio con oración. Algunas porciones de la Santa Escritura son en verdad demasiado claras para que se puedan entender mal; pero hay otras cuyo significado no es superficial,

y no se discierne a primera vista. Se debe comparar pasaje con pasaje. Debe haber un escudriñamiento cuidadoso y una reflexión acompañada de oración. Y tal estudio será abundantemente recompensado. Como el minero descubre vetas de precioso metal ocultas debajo de la superficie de la tierra, así también el que con perseverancia escudriña la Palabra de Dios en busca de sus tesoros escondidos encontrará verdades del mayor valor ocultas de la vista del investigador descuidado. Las palabras de la inspiración, meditadas en el alma, serán como ríos de agua que manan de la fuente de la vida. Nunca se deben estudiar las Sagradas Escrituras sin oración. Antes de abrir sus páginas debemos pedir la iluminación del Espíritu Santo, y ésta nos será dada.[84]

Es importante que respetemos a Dios en lo que decide revelar y en lo que decide no revelar; respetar a Dios en sus palabras y en sus silencios. No forzar sus opiniones hasta que coincidan con las nuestras, sino someternos a su Palabra con humildad, respeto y oración, hasta que sus opiniones sustituyan y den forma a las nuestras. Esto, en mi caso, significó dejar aparte muchos prejuicios y algunos conceptos que había adquirido durante los años. Comencé a estudiar la Palabra de Dios como si nunca la hubiera leído antes, con oración y un deseo sincero de obedecer a Dios en lo que tuviera que enseñarme.

Aprendí que la música no salva ni pierde a nadie. Sólo Jesús salva.[85] Aprendí que la Biblia no es un manual de música, ni un tratado de artes. La Biblia es la Palabra de Dios, contiene su verdad, y se centra en revelar el plan de salvación de Dios, a través de Jesús. (Juan 17:17) Las más de quinientas referencias que se encuentran en la Biblia acerca de la música, se enmarcan en el contexto de la adoración. No se detienen a explicar la música desde el punto de vista artístico, ni científico, ni académico. Estas referencias

---

[84] Ellen White, *El Camino a Cristo,* 64-5.

[85] Hec. 4:12: "¡En ningún otro hay salvación! Dios no ha dado ningún otro nombre bajo el cielo, mediante el cual podamos ser salvos."

musicales nos cuentan de eventos musicales y del uso que se le dio a la música en diferentes momentos de la historia de la salvación, tanto en el cielo como en la tierra.

La música es un tema importante en la Biblia. Está presente desde el Génesis hasta el Apocalipsis; sin embargo, en la Palabra de Dios no encontramos listados de estilos, instrumentos, melodías o acordes correctos o incorrectos, divinos o satánicos. Cuando nos acercamos a la Biblia para encontrar listas de estilos musicales correctos e incorrectos nos frustramos, porque no están allí. Aunque algunas personas se empeñen en forzar textos bíblicos y hacer listas, la gran mayoría de los eruditos bíblicos coinciden en que no se encuentran listas de estilo musicales divinos o satánicos, santos o profanos en la Palabra de Dios.

Dios creó la música; este maravilloso lenguaje que va mucho más allá de lo que las palabras pueden expresar, y sabe que el lenguaje de la música, así como el lenguaje hablado y escrito, cambia, evoluciona con el tiempo; tiene diferentes significados, dependiendo del período de la historia en el que vivamos, de nuestra edad, preferencia, cultura, formación académica y experiencias personales.

Cuando Dios no soporta nuestra adoración

Durante los años en los que he estado investigando en la Palabra de Dios he buscado las referencias en las que la música no agrada a Dios — en el contexto de la adoración. ¿Por qué la adoración no agrada a Dios en algunos casos? ¿Cuáles son las razones? ¿Tiene acaso que ver con los estilos de música? ¿Le desagradan los acordes disonantes, las melodías románticas, los ritmos sincopados? ¿Cuándo Dios expresa desagrado por la adoración que se le ofrece?

El ejemplo más notable en el que Dios muestra abiertamente su desagrado ante la adoración que recibe, se encuentra en Isa. 1:11-19. Son palabras muy duras que Dios le dice a su pueblo:

"¿Qué les hace pensar que yo deseo sus sacrificios?
— dice el Señor —.
Estoy harto de sus ofrendas quemadas de carneros
y de la grasa del ganado engordado.
No me agrada la sangre
de los toros ni de los corderos ni de las cabras.
Cuando vienen a adorarme,
¿quién les pidió que desfilaran por mis atrios
con toda esa ceremonia?
Dejen de traerme sus regalos sin sentido.
¡El incienso de sus ofrendas me da asco!
En cuanto a sus celebraciones de luna nueva, del día de descanso
y de sus días especiales de ayuno,
todos son pecaminosos y falsos.
¡No quiero más de sus piadosas reuniones!
Odio sus celebraciones de luna nueva y sus festivales anuales;
son una carga para mí. ¡No los soporto!
Cuando levanten las manos para orar, no miraré;
aunque hagan muchas oraciones, no escucharé,
porque tienen las manos cubiertas con la sangre
de víctimas inocentes.

¡Lávense y queden limpios!
Quiten sus pecados de mi vista.
Abandonen sus caminos malvados.

Aprendan a hacer el bien.
Busquen la justicia y ayuden a los oprimidos.
Defiendan la causa de los huérfanos
y luchen por los derechos de las viudas.

'Vengan ahora. Vamos a resolver este asunto'
— dice el Señor —.
'Aunque sus pecados sean como la escarlata,
yo los haré tan blancos como la nieve.
Aunque sean rojos como el carmesí,
yo los haré tan blancos como la lana.'"

Los ritos a los que se refiere Isaías (los sacrificios de animales, las lunas nuevas, el sábado, los festivales anuales, etc.) estaban acompañados por música en Israel. [86] La razón por la que Dios le dice a su pueblo que no soporta y está harto de su adoración no tiene que ver con las formas incorrectas o los estilos inapropiados. Dios no soporta la adoración porque su pueblo no lo busca con un corazón sincero y arrepentido. Adoran con las formas correctas, pero viven una vida hipócrita, alejada de Dios y del amor al prójimo. Por eso la solución que Dios ofrece (vv. 17-19) no es que usen otros estilos, formas, instrumentos o liturgia. Dios les pide que se acerquen a Él, que se arrepientan y que muestren compasión por los demás.

Amós 5:21-24 es otra ocasión en la que Dios expresa su desagrado por la adoración que su pueblo le ofrece:

> *"Odio todos sus grandes alardes y pretensiones,*
> *la hipocresía de sus festivales religiosos y asambleas solemnes.*
> *No aceptaré sus ofrendas quemadas ni sus ofrendas de grano.*
> *Ni siquiera prestaré atención a sus ofrendas selectas de paz.*
> *¡Fuera de aquí con sus ruidosos himnos de alabanza!*
> *No escucharé la música de sus arpas.*
> *En cambio, quiero ver una tremenda inundación de justicia*
> *y un río inagotable de rectitud."*

Dios no le pide al pueblo de Israel que dejen de cantar himnos y canten Salmos. Tampoco pide que dejen de tocar arpas y toquen trompetas. Dios pide un cambio de actitud. Quiere ver "una tremenda inundación de justicia y un río inagotable de rectitud" en sus hijos.

Las expresiones de adoración, entre las cuales se encuentran los estilos musicales, deben ser expresiones de

---

[86] Véase Doukhan, *In Tune with God*, 106-116.

un corazón transformado por la gracia de Cristo. Un corazón que refleja el carácter de Jesús. De hecho, la Palabra de Dios nos dice que el único justo es Jesús. El único recto es Jesús. Esta es la adoración que Dios nos pide: la adoración que refleje el carácter santo, recto, puro y santo del Señor Jesús.

Tristemente en muchas ocasiones nuestras experiencias personales y tradiciones forman nuestras ideas acerca de la música que a Dios le agrada. Nuestra historia personal, formación y contexto cultural llegan a ser preferencias; y en demasiadas ocasiones nuestras preferencias se convierten en la norma o regla con la que medimos lo que le agrada o no le agrada a Dios.

Es tiempo de reflexionar en el hecho de que la gente que viene a la iglesia para encontrar a Jesús, con frecuencia sólo se encuentra con nuestras tradiciones y preferencias culturales. En vez de encontrarse con Jesús, se encuentran con "nuestra forma de hacer iglesia." Necesitamos volver a evaluar cómo adoramos a la luz de la Palabra de Dios, y dejar de hacer lo opuesto: evaluar la Palabra de Dios a la luz de nuestras tradiciones y preferencias a la hora de adorar.

Esta es la razón por la cual me gustaría acercarme al texto bíblico y reflexionar sobre el tema de los estilos musicales a la luz de Col. 3:16.

Salmos, himnos y cantos del Espíritu

Pablo escribe en Col. 3:16 "Que el mensaje de Cristo, con toda su riqueza, llene sus vidas. Enséñense y aconséjense unos a otros con toda la sabiduría que él da. Canten salmos e himnos y canciones espirituales a Dios con un corazón agradecido."

Según Pablo, ¿por qué hemos de cantar? Cantamos porque el mensaje de Cristo llena nuestras vidas. La palabra en griego traducida como "mensaje" es *logos* que también significa "palabra". Es la misma palabra usada en Juan 1:1 para describir a Jesús, el verbo de Dios, el *logos* que bajó del cielo para habitar entre nosotros.

¿Qué cantamos? Pablo propone que cantemos el mensaje del logos. Que cantemos acerca de Jesús, el centro de nuestro mensaje y nuestra adoración. Para Pablo, el centro de su vida.

¿Quiénes deben cantar? Todos cantamos. Nos cantamos unos a otros, sabiendo que nuestra audiencia principal es Dios.

¿Qué cantamos? Cantamos Salmos, himnos y cantos del Espíritu.

¿Cómo cantamos? Cantamos con toda sabiduría y con un corazón agradecido.

Para entender el contexto de Col. 3:16, te invito a leer desde el comienzo del capítulo:

"Ya que han sido resucitados a una vida nueva con Cristo, pongan la mira en las verdades del cielo, donde Cristo está sentado en el lugar de honor, a la derecha de Dios. Piensen en las cosas del cielo, no en las de la tierra. Pues ustedes han muerto a esta vida, y su verdadera vida está escondida con Cristo en Dios. Cuando Cristo — quien es la vida de ustedes — sea revelado a todo el mundo, ustedes participarán de toda su gloria.

Así que hagan morir las cosas pecaminosas y terrenales que acechan dentro de ustedes. No tengan nada que ver con la inmoralidad sexual, la impureza, las bajas pasiones y los malos deseos. No sean avaros, pues la persona avara es idólatra porque adora las cosas de este mundo. A causa de esos pecados, viene la furia de Dios. Ustedes solían hacer esas cosas cuando su vida aún formaba parte de este mundo; pero ahora es el momento de eliminar el enojo, la furia, el comportamiento malicioso, la calumnia y el lenguaje sucio. No se mientan unos a otros, porque ustedes ya se han quitado la vieja naturaleza pecaminosa y todos sus actos perversos. Vístanse con la nueva naturaleza y se renovarán a medida que aprendan a conocer a su Creador y se parezcan más a él. En esta vida nueva no importa si uno es judío o gentil, si está o no circuncidado, si es inculto, incivilizado, esclavo o libre. Cristo es lo único que importa, y él vive en todos nosotros.

Dado que Dios los eligió para que sean su pueblo santo y amado por él, ustedes tienen que vestirse de tierna compasión, bondad, humildad, gentileza y paciencia. Sean comprensivos con las faltas de los demás y perdonen a todo el que los ofenda. Recuerden que el Señor los perdonó a ustedes, así que ustedes deben perdonar a otros. Sobre todo, vístanse de amor, lo cual nos une a todos en perfecta armonía. Y que la paz que viene de Cristo gobierne en sus corazones. Pues, como miembros de un mismo cuerpo, ustedes son llamados a vivir en paz. Y sean siempre agradecidos.

Que el mensaje de Cristo, con toda su riqueza, llene sus vidas. Enséñense y aconséjense unos a otros con toda la sabiduría que él da. Canten salmos e himnos y canciones espirituales a Dios con un corazón agradecido. Y todo lo que hagan o digan, háganlo como representantes del Señor Jesús y den gracias a Dios Padre por medio de él." (Col. 3:1-16)

¿De qué está hablando Pablo en Col. 3? El tema central del capítulo no es la música, sino la vida en Cristo Jesús. La referencia a cantar salmos, himnos y cantos del Espíritu es el resultado de lo que Pablo menciona antes.

La música religiosa es la expresión de una relación con Dios. Está íntimamente ligada a la teología, a la experiencia del que canta con la persona de Dios. Sin una previa experiencia con Dios, no hay música de adoración verdadera. Según Pablo en Colosenses 3, cantamos porque el mensaje de Cristo vive en nosotros. No es que el mensaje de Cristo pase por nosotros un día, o nos visite cada cierto tiempo. Habita, reside, tiene su morada en nuestra vida. Por eso cantamos. Cantamos de Jesús porque su presencia nos llena plenamente.

Cantamos porque no podemos dejar de decir todo lo que hemos visto y oído (Hec. 4:20).

Cantar la Palabra de Dios es un poderoso medio para fijar en la mente la verdad.[87]

Cantar la Palabra de Dios hace que nuestros pensamientos se centren en la persona de Dios, y que pensemos "con la mente de Cristo."[88]

Y el mensaje de Cristo, según Pablo, quiere morar en nosotros "con toda su riqueza" (Col. 3:16). Pablo dice en Fil. 3:6-9 que "era tan fanático que perseguía con crueldad a la iglesia, y en cuanto a la justicia, obedecía la ley al pie de la letra. Antes creía que esas cosas eran valiosas, pero ahora considero que no tienen ningún valor debido a lo que Cristo ha hecho. Así es, todo lo demás no vale nada cuando se le compara con el infinito valor de conocer a Cristo Jesús, mi Señor. Por amor a él, he desechado todo lo demás y lo considero basura a fin de ganar a Cristo y llegar a ser uno con él."

Pablo sabe por experiencia propia que el mensaje de Cristo es la mejor razón para cantar. Es un mensaje que le

---

[87] Ellen White, *La Educación*, 167, dice: "[La música]... es uno de los medios más eficaces para grabar en el corazón la verdad espiritual. Cuán a menudo recuerda la memoria alguna palabra de Dios al alma oprimida y a punto de desesperar, mediante el tema olvidado de algún canto de la infancia. Entonces las tentaciones pierden su poder, la vida adquiere nuevo significado y nuevo propósito, y se imparte valor y alegría a otras almas."

[88] 1 Cor. 2:16: "Pues, ¿Quién puede conocer los pensamientos del Señor? ¿Quién sabe lo suficiente para enseñarle a él? Pero nosotros entendemos estas cosas porque tenemos la mente de Cristo."

da valor a nuestra vida, que nos hace ricos, que nos da vida en abundancia.

Cantamos porque ya no vivimos nosotros, sino que es Cristo quien vive en nosotros — sigue diciendo Pablo en Col. 3. Cantamos porque somos el cuerpo de Cristo y su amor nos une en perfecta unidad. Por eso cantamos.

Un estilo musical es una forma de expresar una idea musical. La idea que queremos expresar, según Pablo, es esta: el rico mensaje de Cristo, que nos une y nos ha transformado.

Cantamos porque el mensaje importante que tenemos que decir no tiene que ver con nosotros, ni nuestra cultura, ni nuestras preferencias, gustos o normas. Tiene que ver con quién es Jesús. Y Pablo nos dice que Jesús es todo, y está en todos (Col. 3:11).

¿Cómo podemos cantar siendo el cuerpo de Cristo, si no somos capaces de adorar unidos? ¿Cómo se supone que vamos a "enseñarnos y amonestarnos unos a otros en canción" (Col. 3:16) si estamos separados por razas, culturas y generaciones?

Es fácil echarle la culpa de la división a los estilos musicales "mundanos" que se han metido en la iglesia, o a los estilos musicales "aburridos y tradicionales" que ya no conectan con las nuevas generaciones. Pero, al hacer un análisis profundo de lo que está ocurriendo en nuestras congregaciones, ¿realmente es un problema de estilos musicales lo que causa la división y el debate, o quizás la música sólo está expresando lo que está sucediendo en el corazón de la comunidad de la iglesia?

Primer principio: cantamos lo que vivimos

Según la Biblia, adorar es la respuesta de la criatura al amor de su creador.

Hemos dicho antes que cuando expresamos nuestra adoración a través de la música, debe haber una previa conexión con Dios.

El canto congregacional es la expresión de nuestro viaje espiritual, nuestra experiencia como la familia de Dios, el cuerpo de Cristo. Eso implica que cuando yo canto, me siento parte de una comunidad de hermanos y hermanas que están participando de la experiencia cristiana. ¿Entienden mis hermanos la canción? ¿Pueden conectar con la experiencia? ¿Es edificante la música para la congregación? ¿Está la familia de la iglesia preparada para integrar nuevos instrumentos o estilos musicales? Si no está preparada, ¿por qué no? ¿Podemos hablar sobre el tema, iniciar una conversación en base al amor y la tolerancia cristiana? Si después de hablar no llegamos a una solución conjunta, ¿podemos tomarnos un tiempo para orar, para buscar a Dios en humildad? ¿Nos comportamos como dice Pablo en Colosenses 3, con "tierna compasión, bondad, humildad, gentileza y paciencia...siendo comprensivos con las faltas de los demás y perdonando a todo el que los ofenda, recordando que el Señor nos perdonó? ¿Nos vestimos de amor, lo cual nos une a todos en perfecta armonía?

Después de dedicar más de veinte años al ministerio de la música y dar conferencias en diferentes partes del mundo, he sido testigo en numerosas ocasiones de cómo algunos hijos de Dios pierden el control de su temperamento cuando se trata de discutir sobre estilos musicales. Después de leer la Palabra de Dios y reflexionar con ellos sobre los estilos musicales a la luz de la Biblia, he recibido mensajes duros, llenos de hostilidad e intolerancia. Me he dado cuenta de que las personas que usan palabras que no muestran "compasión, bondad, humildad, gentileza, paciencia, revestidas de amor", se dedican a defender más sus opiniones y preferencias personales que la persona de Jesús y su mensaje de amor. Muchas de estas personas usan sus palabras para destruir en vez de usarlas para bendecir. Defienden intereses y gustos personales en nombre de Jesús y de la religión cristiana.

Pablo, en Col. 3 nos recuerda que somos gente escogida por Dios, quien nos invita a ser una comunidad "llena de amor, compasión, amabilidad, humildad y paciencia." Utilizamos la música como un medio de comunicación, un lenguaje para acercarnos a nuestro Dios y entre nosotros. Lo que tenemos que comunicar a través de la música, es el mensaje del amor de Dios a través de Jesucristo. Si no tenemos ese amor, somos como "metal que resuena y címbalo que retiñe" (1 Cor. 13:1). Ya podemos tener el estilo musical más puro e inmaculado, pero si nuestra vida no está inundada por el amor de Dios, sólo haremos ruido. Y para Dios, según Pablo en 1 Cor. 13, el peor ruido no lo hace un instrumento ni un estilo, sino un corazón vacío de su amor:

> *"Si pudiera hablar todos los idiomas del mundo y de los ángeles, pero no amara a los demás, yo solo sería un metal ruidoso o un címbalo que resuena. Si tuviera el don de profecía y entendiera todos los planes secretos de Dios y contara con todo el conocimiento, y si tuviera una fe que me hiciera capaz de mover montañas, pero no amara a otros, yo no sería nada. Si diera todo lo que tengo a los pobres y hasta sacrificara mi cuerpo, podría jactarme de eso; pero si no amara a los demás, no habría logrado nada."* (1 Cor. 13:1-3)

La Palabra de Dios nos cuenta de personas que encontraron diferentes estilos musicales para comunicarse con Dios.

Recuerda: cuando el mensaje que tienes que cantar es importante, encuentras un estilo para expresarlo.

David encontró un estilo para expresar la inmensa alegría de la salvación, y cantó en el Salmo 51, cuando estaba en el pozo más profundo a causa de su pecado: "Devuélveme la alegría de la salvación" (Sal. 51:12).

María encontró un estilo para expresar el sentimiento sobrecogedor de haber sido elegida por Dios para concebir al Mesías prometido. Y le canta en el Magnificat: "Engrandece mi alma al Señor...Yo soy la sierva del Señor... que se cumpla lo que tú has dicho" (Luc. 1:38).

Pablo y Silas encontraron un estilo para cantar de Dios y su amor en aquella oscura y maloliente prisión.

Martín Lutero encontró un estilo para transmitir la alegría de la salvación y la justificación por la fe en Cristo Jesús, y creó el coral luterano.

Los compositores Afro Americanos encontraron un estilo para cantar en medio de la opresión y el dolor extremo, y crearon el *Negro Spiritual*. Encontraron un estilo porque el mensaje que cantaba en su alma necesitaba ser expresado. Doukhan aclara que "una nueva experiencia religiosa, o un entendimiento renovado de las creencias religiosas, generalmente resulta en la creación de nuevas formas de expresión."[89]

Segundo principio: salmos, himnos y cantos del Espíritu

Pablo menciona tres formas musicales en Col. 3:16. Esta mención es importante, considerando que la iglesia cristiana primitiva acababa de surgir, y estaba forjando su nueva

---

[89] Doukhan, *In Tune with God*, 150.

identidad en la adoración. Con la muerte de Jesús el sistema de sacrificios acababa de ser abolido y comenzaba una nueva etapa, que incluía una nueva liturgia.

Salmos

Los momentos del sacrificio en el atrio del Templo de Jerusalén eran acompañados por el canto de los Salmos. Si bien el centro de la adoración aún seguía siendo Jesús y su sacrificio, los sacrificios de animales que se celebraban en el templo de Jerusalén ya no tenían ningún sentido. Al morir Jesús el velo del templo se rasgó, y el nuevo pacto de la gracia entró en vigencia. El Cordero de Dios ya había sido sacrificado por nuestros pecados.

Este mensaje novedoso y revolucionario no es aceptado por la mayoría de los judíos; especialmente aquellos religiosos que se opusieron al mensaje de Jesús mientras éste estaba vivo. Para ellos el evangelio sonaba a "locura."[90]

Cuando Pablo escribe sus cartas y epístolas, centra su mensaje en explicar el nuevo pacto de gracia a los judíos y gentiles. Dentro de esta nueva etapa, el canto congregacional, como parte de la adoración colectiva, ocupa un lugar importante, ya que es asociado por los judíos con el rito de los sacrificios y la religión judía.

El canto congregacional ha de encontrar un rol diferente en la liturgia de la iglesia cristiana primitiva.

Pablo escribe la epístola a los Colosenses en el 61 d.C. Colosas era una ciudad ubicada en Asia, en la región de Frigia. La comunidad en Colosas estaba formada por

---

[90] "Porque el mensaje de la cruz es locura para los que se están perdiendo; pero para nosotros que somos salvos, es poder de Dios" (1 Cor. 1:18).

gentiles mayoritariamente — asiáticos, romanos y griegos — y una minoría de judíos.

El primer estilo musical que Pablo nombra en Col. 3:16 es el salmo. El libro de Salmos es el más largo de la Biblia; comprende ciento cincuenta canciones compuestas por diferentes autores.

Los Salmos son una compilación sagrada, escrita por los patriarcas, profetas, reyes y levitas de Israel. El libro de los Salmos era el "himnario" que había sido usado por el pueblo de Israel en el canto congregacional por más de diez siglos. Sin embargo, hay una gran diferencia entre nuestros himnarios cristianos y el libro de los Salmos, ya que éste es parte del canon bíblico: es parte de las Sagradas Escrituras.

Nuestro *Himnario Adventista* es una compilación de canciones e himnos elegidos por una comisión. Es un material muy importante de nuestra liturgia, y forma parte de nuestra herencia como iglesia cristiana protestante, pero no tiene el mismo valor que la Biblia. Cada cierto tiempo, el *Himnario Adventista* es revisado y actualizado. Se descartan himnos que no se suelen cantar, se cambian letras que no expresan la doctrina de la mejor manera, se integran nuevas composiciones, etc. No hacemos lo mismo con la Biblia, de la que Jesús dice que "no ha de cambiarse ni una jota ni una tilde."[91]

---

[91] "No malinterpreten la razón por la cual he venido. No vine para abolir la ley de Moisés o los escritos de los profetas. Al contrario, vine para cumplir sus propósitos. Les digo la verdad, hasta que desaparezcan el cielo y la tierra, no desaparecerá ni el más mínimo detalle de la ley de Dios hasta que su propósito se cumpla. Entonces, si no hacen caso al más insignificante mandamiento y les enseñan a los demás a hacer lo mismo, serán llamados los más insignificantes en el reino del cielo; pero el que obedece las leyes de Dios y las enseña será llamado grande en el reino del cielo." (Mat. 5:17-19)

Es interesante notar que se publican continuamente diferentes traducciones y paráfrasis de la Biblia. Podemos encontrar en las librerías cristianas Biblias con ilustraciones para niños, Biblias para adolescentes con diseños contemporáneos, Biblias con diseños femeninos para mujeres y Biblias parafraseadas. También se siguen publicando las ediciones más tradicionales, con las que muchos hemos memorizado textos cuando éramos niños. Hace algunos años, buscando traducciones contemporáneas de la Biblia en una librería cristiana de Valencia, España, me encontré con una versión del Nuevo Testamento que utilizaba un lenguaje que yo desconocía. A Jesús se le llama "el Chuchi" y a sus discípulos "los colegas." Hojeando el libro, aprendí que el autor era un profesor de Biblia y capellán que llevaba años predicando a Cristo en la cárcel, especialmente en la comunidad gitana, y después de estudiar el lenguaje que esta comunidad usaba y notar la dificultad que tenían para entender el lenguaje castellano, decidió parafrasear el Nuevo Testamento usando expresiones que fueran familiares para esta comunidad.

Antonio Alonso, el autor de esta traducción, pensó que "para hacerse oír había que hablar a los presos en su idioma. Acababa de jubilarse y su primera dedicación fue publicar los evangelios traducidos al lenguaje carcelario." [92] Una iniciativa digna de ser aplaudida.

Como cristianos entendemos que el lenguaje escrito y hablado está en continua evolución, y es necesario hacer un esfuerzo para traducir, parafrasear y presentar la Palabra de Dios de forma actual y atractiva, siempre permaneciendo fiel al mensaje. Estamos acostumbrados a usar diferentes versiones de la Palabra de Dios y lo asumimos con naturalidad. Sin embargo, cuando se publica una nueva edición del *Himnario Adventista*, no es extraño que se

---

[92] http://elpais.com/diario/1994/11/14/madrid/784815881_850215.html.

experimente cierto rechazo entre algunos sectores de la congregación. Con frecuencia nos cuesta implementar cambios y novedades en el repertorio que cantamos. En este sentido, los Salmos son una expresión de frescura, que nos invitan a innovar: "Cantad al Eterno un canto nuevo" (Sal. 149:1).

Los Salmos son poesía. En *Reflexiones Sobre los Salmos*, C. S. Lewis enfatiza la importancia de estudiar los Salmos como poesía. Él escribe: "...los Salmos son poemas, [...] y deben ser leídos como poesías; como letras, con todas las licencias y formalidades, con las conexiones más emocionales que lógicas, lo cual es propio de la lírica poética."[93]

David, el más grande salmista de todos los tiempos, escribe en el Salmo 103: "Que todo lo que soy alabe al Señor; con todo mi corazón alabaré su santo nombre. Que todo lo que soy alabe al Señor; que no olvide nunca las cosas buenas que ha hecho por mí" (vv. 1, 2). El Dios de los Salmos es un Dios que se experimenta en plenitud, un Dios que inclina su oído a escucharnos y nos habla en los amaneceres, desde la luna y las estrellas, un Dios que cabalga en las nubes y teje nuestro ser en secreto. Un Dios vivo y activo.

Cuando nos referimos a los Salmos de la Biblia, en realidad nos estamos refiriendo a una compilación de varias formas musicales. Algunos Salmos fueron escritos para ser cantados por los levitas en el templo, pero otros Salmos fueron escritos para ser cantados fuera del templo. Ciertos Salmos tienen un carácter público y otros un carácter más íntimo y personal. Aún así, la compilación de los Salmos está concebida para ser cantada congregacionalmente, por la

---

[93] C. S. Lewis, *Reflections on the Psalms* (London: *Harper Collins* UMS, 1958), 74.

comunidad, más que en privado. Algunos Salmos se compusieron para ser cantados antifonalmente, es decir, en dos grupos que cantaban alternando, un grupo respondiendo al otro.

Lilianne Doukhan escribe en *In Tune with God*:

> El canto participativo llegó a ser la caracaterística más fundamental del canto congregacional a través de la historia. Aún más, los Salmos se cantaban tomando melodías provenientes del repertorio folklórico, con tonadas extranjeras añadidas ocasionalmente.[94]

Cuando pensamos en música sacra, o en un estilo de música sagrada sin ninguna asociación con la cultura secular, los Salmos se convierten en una referencia, ya que son parte de la Palabra de Dios y fueron compuestos por gente escogida por Dios mismo. Si hay algún estilo puro de música sacra, está representado por los Salmos de la Biblia. Cuando estudiamos cómo aún en el tiempo en el que los Salmos fueron escritos los autores usaron los mismos instrumentos, formas musicales e incluso según algunos eruditos ciertas melodías preexistentes, concluímos en que aún la música sacra más pura es un lenguaje enraizado en la realidad del ser humano y expresado desde su contexto social y cultural.

Robert Deffinbaugh ofrece la siguiente perspectiva sobre el tema:

> Podemos ver la mano de Dios en la preservación de los Salmos como una forma universal de poesía, y en la "pérdida" providencial de las partituras musicales. Se nos han sido legadas las palabras, pero la música la debemos componer nosotros. Cada generación y cada cultura debe acercarse a los Salmos y componer con frescura los estilos musicales que faciliten mejor la alabanza y la adoración. Si las formas

---

[94] Doukhan, *In Tune with God*, 264.

poéticas capturan nuestra creatividad y nos invitan a meditar en la interpretación de los Salmos, el carácter musical de los Salmos (aún sin las notas musicales) motiva y aumenta nuestra creatividad en la expresión de nuestra adoración a través de los Salmos, como expresión musical.[95]

El rey David nos invita en cinco ocasiones a cantar una nueva canción a Dios. Porque él lo hizo. Él escribió canciones nuevas para Dios, y la honestidad, frescura, y creatividad de estas obras siguen siendo una inspiración para quien se acerca a ellas.

Hay una realidad importante acerca de la música de la que no se habla demasiado, y es de cómo la música es interpretada. Cuando estudiamos el ministerio levita a la luz del texto bíblico, descubrimos que los músicos recibían entrenamiento intensivo durante cinco a diez años. Sus maestros les enseñaban el arte de escribir poesía religiosa, componer música acorde a la poesía, instrumentarla, dirigirla e interpretarla en público. La música no sólo estaba bien escrita, sino que era interpretada por profesionales, músicos entrenados con destrezas musicales altamente desarrolladas.

Himnos

La segunda forma musical mencionada por Pablo despúes de los Salmos, es la de los himnos. Pablo podría haber dicho: "la salvación viene de los judíos, por lo tanto, sigamos cantando Salmos, que son la forma musical que hemos heredado de la liturgia y cultura judía." Podría haber argumentado que cuando Jesús habla con la mujer samaritana frente al pozo de Jacob, le dice literalmente que "la salvación viene de los judíos." Después de todo, el judaísmo había estado usando Salmos como su estilo musical por más de diez siglos. En tiempos de transición como los que la iglesia cristiana primitiva estaba pasando,

---

[95]Robert L. Deffinbaugh. https://bible.org/seriespage/what-psalm.

aferrarse a la forma de los Salmos hubiera sido una salvaguardia contra ritos, formas y elementos culturales paganos y seculares, que peligraban con invadir la iglesia cristiana. Sin embargo, la historia es testigo de que "una nueva experiencia religiosa, o una comprensión renovada de creencias religiosas generalmente resulta en la creación de nuevas formas de expresión."[96]

Por eso Pablo añade a los Salmos, los himnos y los cantos del Espíritu.

¿Qué es un himno? ¿Cuál es la diferencia entre un Salmo y un himno? Hemos dicho que los Salmos son poesías con música, expresiones de alabanza y adoración.

El himno es un estilo musical que suele tener un carácter solemne y se ha usado a través de la historia con fines educativos. La función del himno religioso es enseñar la verdad espiritual.

En Mar. 14:26 y Mat. 26:30 leemos que Jesús y sus discípulos cantaron un himno en el aposento alto, para finalizar el rito de la Pascua. Los eruditos coinciden en que el himno que Jesús y sus discípulos cantaron fue la segunda parte del Hallel, que comprendía los Salmos 115 al 118. En este caso, el himno es un tipo de salmo. ¿Cuál sería la distinción, entonces? Un Salmo expresa la alabanza personal o colectiva de manera poética, y es exclusivo de la tradición y liturgia judía. El himno también es una expresión de alabanza y adoración, pero tiene la finalidad de enseñar algo acerca de Dios. Los himnos se utilizaban para enseñar a los nuevos creyentes la doctrina de Cristo. Aunque los Salmos judíos y los himnos cristianos primitivos tienen cierto terreno en común, los himnos suelen tener una estructura más simétrica y emplean una melodía simple. Pueden ser aprendidos rápidamente.

---

[96] Doukhan, *In Tune with God*, 219.

Por otra parte, los himnos eran familiares para las culturas paganas. Los griegos usaban himnos en sus ritos y sacrificios. Los eruditos concuerdan en que había himnos escritos para el dios Baco o Dionisus; el dios del vino y la borrachera. Los himnos dedicados a Apolo también eran comunes en los siglos I y II d.C.

Para los romanos, los himnos eran con frecuencia dedicados a los héroes militares o deportivos. Cuando un héroe militar volvía de la batalla después de haber alcanzado la victoria sobre los enemigos de Roma, cruzaba las vías de acceso a Roma mientras la multitud salía a las calles, cantando himnos de victoria dedicados al héroe.

Para la cultura romana, los himnos tenían un carácter celebratorio y solemne. Plinio, El Joven, un historiador romano del siglo I d.C. escribe que aquellos llamados cristianos "cantaban himnos dedicados a Cristo como Dios de forma antifonal."[97] Estos himnos tenían el propósito de enseñar y diseminar el mensaje de Cristo.

Stephen Wilson ofrece esta perspectiva respecto a los orígenes de las prácticas musicales en la iglesia cristiana primitiva:

> La música era un aspecto importante en la identidad de la iglesia cristiana primitiva por varias razones. La tradición judía siempre había incorporado música en su liturgia y a pesar de los cambios que el judaísmo estaba experimentando en los albores del cristianismo, ese aspecto ritual de su tradición era casi inherente a la comunidad cristiana. Por otro lado, los miembros no judíos de la comunidad cristiana también habían estado expuestos a varios ritos musicales en sus respectivos cultos de adoración. Como resultado, las dos culturas más

---

[97] Pliny the Younger, *"Gaius Pliny to the Emperor Trajan,"* Book 10, N. 96 of *Complete Letters*, transl. P. G. Walsh, Oxford World's Classics (Oxford: Oxford University Press, 2006), 279.

influyentes en el cristianismo primitivo mantuvieron prácticas musicales de formas variadas y fue casi imposible para el cristianismo ignorar el aspecto de la vida cotidiana. Por eso, incorporaron ciertos ritos asociados a la música, alteraron otros, y prohibieron otros, sin embargo, el punto más importante es que la música fue importante en el contexto de la iglesia cristiana primitiva desde el principio. La música cristiana sus prácticas musicales fueron influenciadas por varias comunidades judías y una combinación de prácticas de cultos griegos y romanos.[98]

Cantos del Espíritu

La canción del Espíritu o canción espiritual tiene un carácter más espontáneo que los Salmos o los himnos. Consiste en una canción inspirada por el Espíritu Santo — de ahí su nombre — en un momento en el que Dios se ha manifestado de forma especial a la persona, a través de una fuerte impresión en la mente, de un hecho milagroso, etc. En la Biblia hay muchos ejemplos de personas que compusieron canciones como resultado de experimentar al Espíritu Santo moviéndose en su vida.

En el primer capítulo de Lucas encontramos a María y Zacarías llenos del Espíritu Santo, alabando a Dios con una canción. Es interesante notar que en la cultura árabe, esta forma musical es predominante, ya que la música sagrada generalmente tiene un carácter de "impromptus."

Mi marido nació en Andalucía, una hermosa región ubicada en el sur de España. De toda España, Andalucía es la que mayor influencia y legado ha recibido de la cultura árabe. Mi marido creció en una familia católica. De niño servía en la iglesia como monaguillo. Se unió a la iglesia adventista a los quince años. La mayor parte de su familia continúa siendo católica. Después de casarnos solíamos

---

[98] Wilson, *"Early Christian Music,"* 398.

visitar a su familia en Andalucía durante las vacaciones de Semana Santa. Acostumbrábamos a acompañar a su madre en las procesiones, que, especialmente en el sur de España son celebradas con mucha pasión y fervor. Yo me crié en una familia adventista y nunca había visto las procesiones de Semana Santa en la calle. Era una experiencia fascinante y totalmente nueva para mí. La música de las bandas marchando, los uniformes y los disfraces, el olor a incienso en las calles, las estatuas y la reacción de la gente al verlas me impresionaron mucho. Mientras la estatua de Jesús se acercaba, la gente tiraba flores, gritaba piropos, le dedicaban poesías, entre lágrimas de emoción y admiración. Cuando la procesión paraba para que los hombres que llevaban las estatuas descansaran o hicieran turnos, algunas personas, desde los balcones, comenzaban a cantar, espontánea e improvisadamente. La gente hacía silencio para escuchar y participaba, a veces haciendo palmas para acompañar, o haciendo eco de alguna de las frases. Pronto se formaban corros de palmas y danzas, mientras todos se unían a la canción.

Este estilo de adoración espontánea tiene sus raíces en la tradición árabe.

Cuando nos mudamos a Alabama con mi marido y nuestros hijos, para servir en la Universidad Adventista de Oakwood, vivimos una experiencia similar a la de las procesiones, pero en la iglesia adventista. Recuerdo que nuestro primer sábado en la Iglesia Adventista de Oakwood University, el pastor estaba predicando cuando de repente, después de una frase vehemente, una mujer que estaba sentada delante de nosotros se puso de pie y de repente comenzó a cantar, espontáneamente. El pastor y la congregación se mantuvieron en silencio, escuchándola. Rápidamente y con mucha naturalidad el pastor se unió al canto de la mujer y con un gesto invitó a la congregación a cantar. Pronto los instrumentistas también se unieron al canto y nos encontramos todos adorando a Dios. Al final de la canción el pastor siguió con el estudio de la Palabra de Dios. Esta fue la primera vez, después de más de treinta y cinco años en la iglesia adventista, que experimenté una "canción del Espíritu" en el medio del sermón. Durante los ocho años que he adorado con mis hermanos Afro-Americanos me he habituado a las canciones espirituales espontáneas que, aunque no están programadas en el boletín de la iglesia, llegan a ser parte de la adoración congregacional.

Al estudiar la bella música de los *Negro Spirituals*, compuestos por Afro-Americanos, es interesante notar que muchos de estos grandes músicos — cuyos nombres desconocemos, pero cuyas canciones han sobrevivido al paso del tiempo — eran llevados a los Estados Unidos de América desde el Norte de África. Estas regiones del continente africano tienen una gran influencia árabe. La mayoría de historiadores y musicólogos coinciden en que el *Negro Spiritual* (cantos del Espíritu, compuestos por músicos Afro-Americanos) tiene su origen en la canción del Espíritu mencionada en la Biblia: expresiones espontáneas de fe, improvisadas y profundamente arraigadas en la experiencia espiritual del creyente.[99]

Algunos segmentos de la iglesia enfatizan la adoración en Espíritu; en consecuencia, la música tiene un carácter fresco, espontáneo y se hace énfasis en la presencia del Espíritu Santo. Otros segmentos de la iglesia enfatizan la verdad como elemento crucial en la adoración. En consecuencia, la música tiene un carácter más educativo, se hace énfasis en la enseñanza de la doctrina verdadera. ¿Cómo podemos alcanzar el equilibrio? Si nuestra congregación atrae gente que siente y experimenta el evangelio, pero no permite que el Espíritu Santo les guíe a la

---

[99] Dena J. Epstein, *Sinful Tunes and Spirituals: Black Folk Music to the Civil War* (Urbana: University of Illinois Press, 2003), 56.

154

verdad, no se consigue equilibrio entre el Espíritu y la verdad. Si, por otro lado, el servicio de adoración en nuestra congregación sólo atrae gente intelectual, predomina la doctrina y el servicio se caracteriza por ser serio, rígido y frío, es tiempo de repensar nuestro culto de adoración.

"Créeme, querida mujer, que se acerca el tiempo en que no tendrá importancia si se adora al Padre en este monte o en Jerusalén. Ustedes, los samaritanos, saben muy poco acerca de aquel a quien adoran, mientras que nosotros, los judíos, conocemos bien a quien adoramos, porque la salvación viene por medio de los judíos. Pero se acerca el tiempo —de hecho, ya ha llegado— cuando los verdaderos adoradores adorarán al Padre en espíritu y en verdad. El Padre busca personas que lo adoren de esa manera. Pues Dios es Espíritu, por eso todos los que lo adoran deben hacerlo en espíritu y en verdad." (Juan 4:21-24, NTV)

Sobre ese punto, Ellen White escribe:

Los hombres no se ponen en comunión con el cielo buscando una montaña santa o un templo sagrado. La religión no se ha de limitar a formas externas y ceremonias. La religión que viene de Dios es la única religión que nos conducirá a Dios. Para servirle bien, debemos nacer del Espíritu Santo. Esto purificará el corazón y renovará la mente, dándonos una nueva capacidad para conocer y amar a Dios. Nos dará una obediencia voluntaria a todos sus requerimientos. Esta es la adoración verdadera. Es el fruto de la obra del Espíritu Santo.[100]

Tercer principio: cantando entre vosotros

En Col. 3:16, Pablo invita a la comunidad de Colosas — que como hemos mencionado antes, incluye judíos y gentiles — a dejar que la Palabra de Dios more entre ellos, mientras se enseñan y aconsejan unos a otros a través del canto.

---

[100] Ellen White, *El Deseado de Todas las Gentes*, 189.

155

En 1 Cor. 14:26 Pablo escribe: "Ahora bien, mis hermanos... cuando se reúnan, uno de ustedes cantará, otro enseñará, otro contará alguna revelación especial que Dios le haya dado, otro hablará en lenguas y otro interpretará lo que se dice; pero cada cosa que se haga debe fortalecer a cada uno de ustedes." Estas palabras de Pablo van en la misma línea de lo que el apóstol le escribe a la iglesia de Corinto: "Ustedes dicen: "Se me permite hacer cualquier cosa", pero no todo les conviene. Dicen: "Se me permite hacer cualquier cosa", pero no todo trae beneficio. No se preocupen por su propio bien, sino por el bien de los demás" (1 Cor 10:23).

Los estilos musicales que usamos en la iglesia, y específicamente en el canto congregacional, deben construir, edificar la iglesia. ¿Qué quiere decir construir y edificar la iglesia? Con frecuencia los estilos musicales nos pueden dividir y ser causa de debate. En vez de edificar, destruyen la unidad de la iglesia.

Algunos músicos de iglesia que aman la tradición clásica o académica, sólo quieren interpretar música académica. Hace algunos meses estuve en una iglesia adventista en la que sólo se interpretaba música instrumental o coral de Bach y Händel.

Otros músicos o líderes de música aman la música contemporánea y sólo quieren cantar música compuesta por músicos cristianos populares, escrita hace poco tiempo.

Hace algunos meses fui invitada a una iglesia a predicar el sábado por la mañana. Después de la oración, una joven pasó a cantar. Tenía una voz muy bonita y cantó una canción preciosa, aunque la pista instrumental estaba demasiado fuerte y el sonido bastante estridente. Algo que se podría haber solucionado ecualizando mejor desde la mesa de mezclas. Aún así, me sentí muy bendecida por la canción.

Cuando la joven bajó de la plataforma y caminaba hacia el fondo del edificio, vi que una señora mayor la tomaba por el brazo y la reprendía. Pude notar la cara triste y dolida de esta joven cantante. Yo estaba en la plataforma con el resto de las personas, mientras se recogía la ofrenda. Sentí el impulso de acercarme a hablar, aunque sea un momento con ella, pero tenía que predicar a continuación, y no pude. Al final del servicio me acerqué al pastor y le pregunté por esta joven. Él la llamó por teléfono, pero ella no contestó. Por la tarde volví a la misma iglesia, para continuar con el seminario. Hablamos justamente de los estilos musicales, y de cómo Pablo dice que nos "hablemos, enseñemos y aconsejemos" a través de la música. Reflexionamos en el hecho de que a veces los estilos musicales en la iglesia se convierten en un motivo de juicio y crítica destructiva, en vez de servir para unirnos y acercarnos entre nosotros y a Dios. Después de la sesión de preguntas y respuestas la directora de música se acercó. Me contó que la joven que había cantado por la mañana llevaba tiempo sin venir a la iglesia, ya que estaba pasando por momentos difíciles tras el divorcio de sus padres. Para motivarla, la directora de música le pidió que preparara una canción especial ese día, pero al terminar la canción, esta persona mayor se acercó y sin tacto ni amor cristiano criticó el vestido de la joven — que le pareció inapropiado para pasar a la plataforma — y la percusión en la pista de la canción que acababa de cantar. Le dijo que esa música era satánica e inapropiada para la adoración en la iglesia adventista.

La joven le dijo a la directora de música: "Estoy pasando por un mal momento. Estoy bien con Dios, pero no encuentro mi lugar en la iglesia. La falta de amor y la crítica que he vivido hoy es lo que suelo encontrar cada sábado, y esto sólo me hace sentir peor. No quiero volver."

En Col. 3:12-13 Pablo nos dice que "dado que Dios los eligió para que sean su pueblo santo y amado por él, ustedes tienen que vestirse de tierna compasión, bondad, humildad, gentileza y paciencia. Sean comprensivos con las faltas de los demás..." Es al final del capítulo 3 que Pablo nos habla de hablar y aconsejarnos entre nosotros con Salmos, himnos y cantos del Espíritu. Reflexionando en el caso de la señora a la que no le edificó ni la vestimenta ni el canto de la joven de la historia, ¿qué podría haber hecho ella mejor, para edificar a la joven con sus palabras? Primero, vestirse de tierna compasión, bondad, humildad, gentileza y paciencia. El amor es la única fuerza que produce amor. Hablar in situ generalmente trae confrontación y problemas. Tener paciencia y buscar el momento oportuno da siempre mejores resultados.

A lo largo de los años, como ministra de música, he tenido que enfrentar situaciones en las que los cantantes o instrumentistas se presentan a liderar la adoración con ropa que no es la más adecuada, porque distrae del propósito central, que es la presencia y la persona de Jesús. Como facilitadores de la adoración, la vestimenta es un elemento importante, y lo debemos tener en cuenta. También he tenido que enfrentar situaciones en las que cantantes o instrumentistas utilizan estilos musicales que producen más disensión que bendición en la iglesia, o quieren implementar cambios para los que la congregación no está preparada. ¿Cómo enfrentar estas situaciones?

Después de probar diferentes métodos, el que más resultado me ha dado es invitar a las personas a mi casa, a comer. La primera vez sólo pasamos un buen rato relajados. Disfrutamos de la comida, conversamos, nos conocemos mejor. Una vez que se ha creado un vínculo de más confianza, quedamos para comer otra vez. En esa ocasión, después de haber orado sobre el asunto, encaramos la situación desde el amor cristiano, la tolerancia, la paciencia. Hasta ahora puedo decir con agradecimiento a Dios en mi corazón, que siempre ha funcionado. Jesús pasaba bastante tiempo caminando, comiendo y conversando con sus discípulos. En un ambiente relajado les enseñaba las grandes verdades del Reino y les mostraba el carácter amante del Padre.

Las palabras ásperas no edifican. Producen heridas que a veces tardan mucho tiempo en cerrarse. Cuando pretendemos cambiar a las personas desde afuera hacia adentro, no funciona. Para empezar, nosotros no podemos cambiar a nadie. Es el Espíritu Santo el que convence de pecado y el que puede transformar los corazones. Jesús se hacía amigo de las personas y se preocupaba por su interior, y el cambio exterior se producía como resultado. ¡Cuánta falta nos hace el amor compasivo y paciente de Jesús para tratar con la gente! Y como último punto, quisiera decir que no nos toca a nosotros juzgar el corazón del que adora. Esa tarea es la de Dios. Jesús nos dice en varias ocasiones que no juzguemos. Si tenemos la responsabilidad de la dirección de música en nuestra congregación, es importante que planifiquemos la música y establezcamos criterios claros para la adoración, que incluyen los estilos musicales. Sin embargo, recordemos que la persona siempre es más importante que la música. Es importante tratar bien la música, pero mucho más importante tratar bien a la gente, ya que la gente es la prioridad de Dios y debiera ser la nuestra.

No he visto muchos jóvenes que se vayan de la iglesia porque han escuchado estilos musicales que los aparten de Jesús, pero tristemente he conocido a cientos de jóvenes que ya no van a la iglesia porque no encuentran a Jesús. Sólo encuentran palabras de crítica y juicio, y como expresó la joven de nuestra historia: "La falta de amor y la crítica es lo que suelo encontrar, y eso sólo me hace sentir peor. No quiero volver."

Frank Viola en su libro *Paganismo ¿en tu cristianismo?* sugiere que en el primer siglo d.C., al surgir la iglesia cristiana primitiva — cuando Pablo escribe la epístola a los

Colosenses — los seguidores de Jesús se reunían en casas para adorar. Eran grupos pequeños, en los que todos tenían oportunidad de participar. Un ambiente familiar.[101] En ese contexto tiene mucho sentido lo que Pablo escribe en 1 Cor. 14:26: "...cuando se reúnan, uno de ustedes cantará, otro enseñará, otro contará alguna revelación especial que Dios le haya dado, otro hablará en lenguas y otro interpretará lo que se dice; pero cada cosa que se haga debe fortalecer a cada uno de ustedes."

En el siglo IV d.C., Constantino logró que la religión cristiana sea la oficial, y los edificios de las iglesias construidas bajo su gobierno siguen el modelo de las basílicas paganas. Con los años se pierde el ambiente de adoración familiar e interactiva propia de la iglesia cristiana primitiva, y los creyentes se convierten en espectadores cada vez menos activos en la adoración y el canto congregacional, hasta que en el Concilio de Laodicea (363-364 d.C.), ¡se les prohíbe cantar!

Conclusión

En Col. 3:16 Pablo se dirige a una comunidad de judíos, asiáticos, griegos y romanos. Una comunidad que surge y está en la búsqueda de su nueva identidad litúrgica. Al igual que hoy, muchas de nuestras iglesias están formadas por personas de diferentes culturas y el desafío es integrarlas en la adoración. Vivimos en un siglo difícil, en el que los cambios sociales se suceden con rapidez y el desarrollo tecnológico avanza vertiginosamente. Todo esto influye en la música y en los estilos musicales que expresan la adoración. La pregunta es: ¿qué estilos musicales son los mejores para adorar a Dios?

---

[101] Viola, *Paganismo ¿En Tu Cristianismo?*, 23-4.

Como compositora, me gustaría sugerir que cuando un compositor escribe la banda sonora para una película, se asegura de que todo el mundo entienda el mensaje. Las palabras de la película han de traducirse, pero la música debe ser entendida por todo el mundo, tanto en Japón como en Brasil o en Irlanda, etc. La música es un idioma universal; sin embargo, este peculiar idioma universal tiene innumerables dialectos y, a su vez, cada pieza musical se asocia a las vivencias personales de cada persona que la escucha. Sin embargo, en la composición de la música que acompaña a una película, la música sirve a la imagen. Es música programática o incidental, ya que acompaña a elementos como la imagen, la letra, la pintura, el teatro, etc. Esto es lo mismo que sucede con la música religiosa: la música se convierte en un lenguaje que comunique la Palabra de Dios efectivamente. Por eso en cualquier estilo musical religioso, la letra debe resaltar por encima del acompañamiento musical. Los estilos musicales de la música religiosa deben comunicar a Jesús: su persona, su carácter, su sacrificio, su plan de salvación, su obra en nosotros, y en el caso del adventismo, su segunda venida. Si el estilo musical comunica con efectividad la palabra de Dios, entonces es apropiado. La música es un medio para comunicar el mensaje espiritual.

Ojalá existiera una fórmula de estilos musicales efectivos para la adoración, pero no existe, así como no existe una fórmula para elegir las palabras correctas al orar. "Orar es el acto de hablar con Dios como con un amigo." Las palabras de la oración reflejarán la conexión del que ora con Dios.

Cuando el músico busca agradar a Dios y afinar su vida con el corazón del Eterno, creará música que agrade a Dios y edifique a la iglesia. Claro que a la sinceridad y a las buenas intenciones debemos añadirle entrenamiento técnico: es importante tomar clases de teoría de la música, formas musicales, orquestación, técnica vocal, etc.

Como compositora y profesora de composición creo que uno de los desafíos más grandes que enfrentamos los músicos hoy al crear, interpretar y seleccionar estilos musicales apropiados y efectivos para la adoración, es la falta de entrenamiento. La música es un arte y una ciencia, y como tal necesita dedicación y estudio.

Otro gran desafío que enfrentamos los músicos en la iglesia es olvidar que la música debe comunicar la Palabra de Dios. A veces nos enfocamos tanto en la misma música, que nos olvidamos de su mensaje y su propósito.

La Biblia dice que "hay un tiempo para todo", y este principio lo podemos aplicar a la música: "hay música para diferentes ocasiones."

Cuando se trata de la adoración congregacional, los músicos deberíamos tener en cuenta que los estilos musicales han de producir unidad y no división, edificación y no disensión. Por lo tanto, si el acompañamiento instrumental sobresale por encima de la letra, si las frases musicales son demasiado complicadas, si los patrones rítmicos son demasiado repetitivos o demasiado difíciles, deberíamos plantearnos modificar esos elementos musicales que impiden que el estilo sea efectivo y edificante.

CAPÍTULO 6
ELLEN WHITE Y LA MÚSICA

Ellen White (nacida en Harmon, 1827-1915) nació y vivió la mayor parte de su vida en Estados Unidos de América. El período de tiempo en el que Ellen vivió se conoce como la Era Victoriana (1830-1910).[102] Esta era estuvo marcada por grandes cambios sociales, políticos y religiosos. Dentro de los cambios religiosos, la Era Victoriana fue testigo del segundo gran reavivamiento, que tuvo predominancia en Inglaterra y Estados Unidos.

El historiador Winthrop S. Hudson afirma que el siglo XIX d.C. fue "la era del metodismo." "Con esta afirmación Hudson no quiso decir que todo el mundo fuera metodista, sino que el metodismo como iglesia pobre u obrera (*"low church"*), no litúrgica, centrada en la piedad de Jesús, representó el crecimiento predominante."[103]

Robert y Eunice Harmon, los padres de Ellen, abrazaron la fe metodista cuando ella tenía doce años. Ellen fue un miembro activo en la iglesia metodista desde entonces.

---

[102] Terrie Dopp Aamodt, Gary Land & Ronald Numbers, eds., *Ellen Harmon White: American Prophet* (Oxford: Oxford University Press, 2014), ix.
[103] Idem.

La música metodista tuvo una gran influencia en la vida de Ellen White. Como mencionamos en el capítulo 2, John Wesley, fundador del metodismo, era un excelente músico y prolífico compositor de himnos cristianos. El estilo musical de John Wesley influyó notablemente en las ideas y las prácticas musicales de Ellen White.

> Como Ellen White fuera miembro de la Iglesia Metodista en su juventud y fue influenciada por su práctica musical, sería de ayuda considerar el rol de la música en esta denominación. Desde sus mismos inicios, los metodistas organizaron coros para la participación de sus servicios de adoración. Algunos de estos himnos cantados por estos coros fueron tomados de la Iglesia Anglicana, y otros fueron escritos por metodistas. Muchos metodistas, sin embargo, tuvieron sentimientos negativos con respecto al empleo de música instrumental en sus servicios. Aunque algunas congregaciones habían utilizado órganos de tubos desde el mismo inicio del metodismo, había una considerable actitud negativa contra su uso. La oposición surgía, en parte, del miedo a que los organistas prolongaran sus intepretaciones, de tal modo que acortaran el tiempo para la predicación o se redujera su importancia. También había algunas actitudes hostiles respecto al uso de otros instrumentos en el servicio religioso, por la misma razón.[104]

Aunque Ellen no fue una profesional de la música ni recibió clases formales de música, valoró la misma como lenguaje creado por Dios y la utilizó en su devoción personal y familiar. Entendió la importancia de la música como uno de los pilares de la adoración y escribió más de cien páginas con respecto a su utilización en la iglesia y en la vida del cristiano.

En Agosto de 1846 Ellen Harmon selló su compromiso matrimonial con James White. Las personas cercanas a

---

[104] Hamel, *Ellen White and Music,* 12.

James White cuentan que él tenía una hermosa voz, y había recibido instrucción musical de su padre, quien era maestro de canto. Todos los miembros de la familia White poseían talento musical.[105]

> James White tenía una herencia familiar no muy diferente a la de su esposa. Él provenía de una familia religiosa que tenía conexiones con la iglesia Bautista, Congregacional y con la Iglesia Cristiana. La himnodia de estos grupos religiosos era similar a la de la Iglesia Metodista. Los padres de James White eran activos en su iglesia. El papá era un hábil cantante que inspiraba tal seguridad entre su comunidad que atraía a estudiantes, quienes venían para mejorar su técnica de canto. Aunque se sabe muy poco acerca de la vida de James como joven, indudablemente participó en las actividades de la iglesia desde su edad más tierna. Uno puede asumir que su padre estuvo preocupado por la educación musical de su hijo y que se aseguró de que este recibiese instrucción musical y aprendiese a apreciar buena música. Fue muy temprano en su vida, entonces, que Ellen y James White tuvieron contacto con los himnos y canciones que habían ejercido una profunda influencia en la himnodia protestante — la música eclesiástica que fue generalmente aceptable bajo estándares artísticos. El gran atractivo de muchos himnos metodistas, su carácter alegre, su enfoque en la persona de Dios y su contenido expresivo tuvieron gran impacto en la vida musical de James y Ellen White. Ya que vinieron de iglesias con tradiciones musicales excelentes, es de esperar que en su propio ministerio seleccionaran himnos de calidad y, considerando que ambos tenían inclinación a la música, es entendible que se preocuparan de mantener y promover altos estándares en la ejecución musical.[106]

En una ocasión, mientras viajaban por el campo, James, su padre y dos de sus hermanas fueron soprendidos por un repentino aguacero. Esa noche tempestuosa se refugiaron en

---

[105] Idem, 13.
[106] Idem, 12.

una posada. Años después, refiriéndose a ese incidente, él escribió:

> En aquellos días cantar era nuestra delicia. Mi padre había sido profesor de canto, y mis hermanas cantantes de primera clase. Y mientras el tiempo comenzaba a caer, pesado, sobre nosotros, encontrábamos alivio al cantar algunas de las melodías de reavivamiento más conmovedoras de aquellos tiempos.

> El posadero, su familia y muchos de los que habían sido llevados hasta ahí por la lluvia, así como nosotros, parecían disfrutar nuestros cantos, y cuando terminábamos uno, ellos pedían otro. De esta forma la noche pasó placenteramente. Y cuando mi padre pidió la cuenta la mañana siguiente, el posadero le dijo que no tenía nada que pagar, porque habíamos pagado la noche anterior cantando.

> En sus servicios de adoración, el pastor y la Sra. White disfrutaban cantando himnos de alabanza a su Señor. Frecuentemente escogían *Al Rey Adorad, Santo, Santo, Santo, Dad Gloria al Cordero Rey* e himnos de adoración similares. Algunas veces los cantos eran cantos evangelísticos que contaban la experiencia cristiana, otras veces eran cantos de servicio, pero los himnos y cantos que James y Ellen amaban más eran los que tenían como tema la pronta venida de Jesús.[107]

Ellen White y la música religiosa en los comienzos de la Iglesia Adventista del Séptimo Día

Hacia mediados del siglo XIX, cuando surge el movimiento adventista en Estados Unidos de América, el estilo musical más apropiado para la adoración congregacional era todavía un motivo de controversia para las denominaciones cristianas protestantes en Europa y Estados Unidos de América. Las dos tendencias que competían por establecerse en la liturgia cristiana

---

[107] Idem, 12, 7.

protestante eran la práctica de los *salmos métricos* (herencia calvinista) y la de los *himnos cristocéntricos* (herencia luterana/anglosajona).

La Iglesia Metodista popularizó los encuentros campestres (*camp meetings*), que fueron rápidamente imitados por otras denominaciones. Estos encuentros consistían en esfuerzos evangelísticos que duraban varios días. En ellos la música se utilizaba como un recurso para adorar a Dios y atraer a la gente a las grandes verdades del evangelio.

El estilo de estos himnos era intencionadamente simple, cristocéntrico, con palabras directas y fáciles de aprender.[108]

Los así llamados himnos de las reuniones campestres sobrevivieron al fenómeno de las reuniones campestres. Para el año 1850, las reuniones campestres habían sido abandonadas por la mayoría de denominaciones, favorecidas únicamente por los metodistas (de las denominaciones más grandes). Pero los himnos de las reuniones campestres siguieron con vida. En las grandes ciudades, particularmente en el Este, había centros donde lo mejor en música eclesiástica se escucharía, pero en muchas otras partes del país no había áreas metropolitanas de cultura. En los incipientes asentamientos fronterizos, la música utilizada en los servicios religiosos consistía en himnos populares y aquellos himnos cantados en las reuniones campestres. Además, los evangelistas itinerantes importaron los cantos evangelísticos a estas áreas.[109]

Las reuniones campestres se caracterizaban por el entusiasmo y la espontaneidad, donde los gritos de "gloria" y "aleluya"y los himnos cantados con fervor, *a cappella* o al son

---

[108] White, *A Brief History of Christian Worship*, 154.
[109] Hamel, *Ellen White and Music*, 30.

del órgano, reforzaban los fuertes llamados de los predicadores a la conversión y a la santidad.[110]

Ellen White se convirtió en un campestre metodista en 1840, en medio de este profundo reavivamiento espiritual.

El historiador Dr. Ronald Graybill publicó en 1991 una investigación acerca de James y Ellen White y los estilos de adoración en la iglesia adventista primitiva,[111] en la que escribe:

En las décadas de 1840 y 1850 muchos observadores del sábado, como sus vecinos metodistas, estaban muy ocupados "haciendo retroceder al enemigo", con su forma entusiasta de cantar y sus fervientes gritos de "Gloria", "Aleluya", "Alabado sea Dios" y "Alabado sea Jesús."

Hiram Edson hizo referencia a una reunión de viernes de noche donde "aleluyas" espontáneos y fuertes ascendieron a Dios y Él fue glorificado con la alabanza, el amor y la adoración.

Otro creyente informó acerca de una reunión en Vermont donde "el Espíritu Santo descendió sobre nosotros, y los gritos de victoria ascendieron mientras lágrimas de gozo fluían libremente de muchos ojos."

James White escribió que mientras la señora White hablaba, el primer día, la casa resonó con los gritos de alabanza de varios hermanos de la congregación. "Esta refrescante ocasión parecía como un anticipo del cielo, el dulce cielo."

Elías Goodwin habló acerca de una reunión durante la cual las fuertes alabanzas a Dios ascendieron de la mayoría, si no de todos en la casa, y continuaron hasta después pasada la medianoche.

---

[110] André Reis, "Elena G. de White y la Música," en *En Espíritu y en Verdad,* ed. Adriana Perera (Nampa, ID: Pacific Press, 2013), 34.
[111] Ronald Graybill, *"Enthusiasm in Early Adventist Worship"* (Ministry Magazine, October 1991), 2.

En Paris, Maine, el entusiasmo creció aun más durante el año 1858. Ellen White hizo notar que "el poder de Dios descendió sobre nosotros como un poderoso viento que soplaba. Todos se pusieron de pie y alabaron a Dios con fuerte voz, fue algo así como lo ocurrido cuando se echaron los fundamentos de la casa de Dios, las voces de los que lloraban no se podían distinguir de las voces que gritaban de gozo. Fue un momento de triunfo, todos nos sentimos fortalecidos y beneficiados. Nunca antes había sido testigo de una ocasión tan llena de poder.[112]

No es de extrañar que en las primeras reuniones adventistas se expresara un estilo de adoración espontáneo, enérgico y lleno de manifestaciones del Espíritu Santo. Ellen White estaba acostumbrada a estas expresiones, ya que eran frecuentes en las reuniones campestres metodistas a las que ella había asistido previamente.

Hemos estudiado en el capítulo 2 que entre 1849 y 1900, la recién organizada Iglesia Adventista publicó veintitrés himnarios y compilaciones de canciones. La continua adaptación y creación de himnos y canciones cristianas era habitual en la mentalidad de Ellen y James White. Era común que a las melodías de los grandes himnos protestantes se les escribiera una letra que enseñara las verdades de la segunda venida de Cristo y otras verdades recién descubiertas por los Adventistas del Séptimo Día.

Aquellos pioneros adventistas encontraron en los cantos de Sion su mejor antídoto para el desánimo y la depresión. Cantaban por doquier y constantemente. Cantaban mientras guiaban su caballo y el carruaje a sus humildes lugares de reunión, y cantaban ¡cuánto cantaban en las reuniones! Generalmente sus cantos no tenían acompañamiento instrumental, porque todos los fondos disponibles habían sido requeridos para la construcción de los edificios de la Iglesia,

---

[112] Ellen White, *Carta* 28, 1850.

dejando nada para comprar un instrumento. Su canto no estaba confinado a las paredes de la iglesia.

Cantaban juntos durante el servicio matutino y vespertino; cantaban individualmente mientras iban a sus deberes diarios en la granja. Aquellos cantos surgieron de las experiencias de lucha y triunfo y su canto traía gloriosas victorias en la vida diaria.[113]

La simplicidad de los cantos cristocéntricos característicos de la música adventista de la segunda mitad del siglo XIX, contrastaba con la pompa y la ceremonia del culto católico apostólico romano. Ellen White escribe al respecto las siguientes palabras en *El conflicto de los siglos*:

Muchos protestantes suponen que la religión católica no es atractiva y que su culto es una serie de ceremonias áridas y sin significado, pero están equivocados. Si bien el romanismo se basa en el engaño, no es una impostura grosera ni desprovista de arte. El culto de la iglesia romana es un ceremonial que impresiona profundamente. Lo brillante de sus ostentaciones y la solemnidad de sus ritos fascinan los sentidos del pueblo y acallan la voz de la razón y de la conciencia. Todo encanta a la vista. Sus soberbias iglesias, sus procesiones imponentes, sus altares de oro, sus relicarios de joyas, sus pinturas escogidas y sus exquisitas esculturas, todo apela al amor de la belleza. Al oído también se le cautiva. Su música no tiene igual. Los graves acordes del órgano poderoso, unidos a la melodía de numerosas voces que resuenan y repercuten por entre las elevadas naves y columnas de sus grandes catedrales, no pueden dejar de producir en los espíritus impresiones de respeto y reverencia. [...]

Es la hermosura de la santidad, es decir, un espíritu manso y apacible, lo que tiene valor delante de Dios. La brillantez del

---

[113] Ella White Robinson, *Beloved Hymns of Ellen White*, record jacket, citado en Hamel, *Ellen White and Music*, 14.

estilo no es necesariamente indicio de pensamientos puros y elevados.[114]

Ellen White y el uso de la música religiosa

Ellen White escribió muchas páginas sobre el uso de la música religiosa. En todas ellas, mostró equilibrio y moderación. En ocasiones ella escribió aconsejando a personas o iglesias que estaban utilizando la música de forma inapropiada. Si la música se estaba utilizando para adorar a Dios de forma aburrida y formal, ella instaba a que se adore con energía y vitalidad. Si, en cambio, la música se estaba usando en forma ruidosa y produciendo "un carnaval", ella instaba a que la música se usara de forma solemne, digna de un Dios santo. En algunas ocasiones habla de lo apropiado que es que los jóvenes estudien instrumentos musicales para contribuir con sus dones a la iglesia, pero cuando algunos jóvenes están dedicando demasiado tiempo al estudio a la práctica del piano y descuidando la oración y el estudio de la Palabra de Dios, ella les pide que sean cuidadosos en el uso del tiempo que dedican al estudio del piano.

Si tomamos las palabras de Ellen White fuera de su contexto, pueden parecer contradictorias. Sin embargo, teniendo en cuenta el contexto histórico en el que ella vivió, y las circunstancias particulares para las que escribió ciertas cartas personales o consejos a congregaciones específicas, encontramos coherencia de pensamiento y claridad en los principios que ella expresa.

Es importante, por lo tanto, que leamos e interpretemos a Ellen White en contexto. Con demasiada frecuencia se utilizan citas que ella escribió sobre la música — o cualquier otro tema — sacadas de su contexto, usadas sólo en parte,

---

[114] Ellen White, *El Conflicto de los Siglos*, 685-6.

para reprender y condenar a aquellos que tienen opiniones diferentes a las que se intentan defender. Así se hace un flaco favor a los escritos de Ellen White, que se usan caprichosa y antojadizamente.

En el libro *Ellen Harmon White: American Prophet*, Benjamin McArthur escribe, refiriéndose al contexto en el que ella vivió:

> White sostuvo una perspectiva utilitaria de las artes. Estas deberían ser útiles tanto en el cultivo de la espiritualidad y el discernimiento moral como en el hecho de inculcar valores, como el trabajo duro y la administración cuidadosa de los recursos que promueven el éxito. No había lugar para mero gusto por la estética o diversión. Ella escribió considerablemente más sobre literatura que sobre música o artes plásticas. Quizás porque ella misma era una escritora. También ella estuvo más expuesta a escritores que a pintores, escultores o músicos.[115]

Ellen White consideraba que la música era un don de Dios. En numerosas ocasiones escribió sobre los efectos positivos de la música religiosa, y en otras advirtió sobre el mal uso o abuso de la música religiosa.

Algunas citas que Ellen White escribió a propósito del uso apropiado de la música religiosa:

> Dios es agraviado por vuestras maneras apagadas en su casa, vuestros somnolientos e indiferentes modos de conducir el servicio religioso. Tienen que tener en mente que acuden al servicio religioso para encontrarse con Dios, para ser refrescados, confortados, bendecidos, no para hacer una tarea impuesta.[116]

---

[115] Benjamin McArthur, *"Culture,"* en *Ellen Harmon White: American Prophet*, eds., Terrie Dopp Aamodt, Gary Land & Ronald Numbers, (Oxford: Oxford University Press, 2014), 247.
[116] Ellen White, *Review and Herald,* 14 de Marzo, 1885.

Así como los israelitas cuando andaban por el desierto alegraron su camino con la música del canto sagrado, Dios invita a sus hijos de hoy a alegrar por el mismo medio su vida de peregrinaje. Pocos medios hay más eficaces para grabar sus palabras en la memoria que el de repetirlas mediante el canto. Y esa clase de canto tiene un poder maravilloso. Tiene poder para subyugar naturalezas rudas e incultas, para avivar el pensamiento y despertar simpatía, para promover la armonía en la acción, y desvanecer la melancolía y los presentimientos que destruyen el valor y debilitan el esfuerzo.

Es uno de los medios más eficaces para grabar en el corazón la verdad espiritual. Cuán a menudo recuerda la memoria alguna palabra de Dios al alma oprimida y a punto de desesperar, mediante el tema olvidado de algún canto de la infancia. Entonces, las tentaciones pierden su poder, la vida adquiere nuevo significado y nuevo propósito, y se imparte valor y alegría a otras almas.

Nunca se debería perder de vista el valor del canto como medio educativo. Cántense en el hogar cantos dulces y puros, y habrá menos palabras de censura y más de alegría, esperanza y gozo. Cántese en la escuela, y los alumnos serán atraídos más a Dios, a sus maestros y los unos a los otros. Como parte del servicio religioso, el canto no es menos importante que la oración. En realidad, más de un canto es una oración.[118]

La música podría ser un gran poder para el bien; sin embargo, no aprovechamos como debiéramos esta forma de rendir culto. El canto, por lo general, se hace por impulso o para satisfacer casos especiales, y otras veces se deja que los que cantan lo hagan cometiendo errores; en esta forma, la música pierde el efecto que podría ejercer sobre las mentes. La música debiera tener belleza, sentimiento y poder. Elévense las voces en cantos de alabanza y devoción. Llamad en vuestro auxilio instrumentos musicales, si eso es posible, y asciendan hacia Dios las gloriosas armonías como una ofrenda aceptable.

---

[117] Ellen White, *La Educación*, 168.
[118] Idem.

Pero, en ciertas ocasiones es más difícil disciplinar a los que cantan y conseguir que lo hagan en forma adecuada, que mejorar los hábitos de oración y exhortación. Muchos quieren hacer las cosas de acuerdo con su propio método; se oponen a las consultas y se impacientan cuando otro los dirige. Se requieren planes bien maduros en el servicio de Dios. El sentido común es algo excelente en el culto que se rinde al Señor. " [119]

Lo que se hace para gloria de Dios debe hacerse con alegría, con cánticos de alabanza y acción de gracias, no con tristeza y semblante adusto.

Nuestro Dios es un Padre tierno y misericordioso. Su servicio no debe mirarse como una cosa que entristece, como un ejercicio que desagrada. Debe ser un placer adorar al Señor y participar en su obra. Dios no quiere que sus hijos, a los cuales proporcionó una salvación tan grande, obren como si El fuera un amo duro y exigente. El es nuestro mejor amigo; y cuando le adoramos quiere estar con nosotros, para bendecirnos y confortarnos llenando nuestro corazón de alegría y amor. El Señor quiere que sus hijos hallen consuelo en servirle y más placer que fatiga en su obra. El quiere que quienes vengan a adorarle se lleven pensamientos preciosos acerca de su amor y cuidado, a fin de que estén alentados en toda ocasión de la vida y tengan gracia para obrar honrada y fielmente en todo. Debemos reunirnos en torno a la cruz. Cristo, y Cristo crucificado, debe ser el tema de nuestra meditación, conversación y más gozosa emoción. Debemos recordar todas las bendiciones que recibimos de Dios; y al cerciorarnos de su gran amor, debiéramos estar dispuestos a confiar todas las cosas a la mano que fue clavada en la cruz en nuestro favor.

---

[119] Ellen White, *El Evangelismo*, 368.

El alma puede elevarse hacia el cielo en alas de la alabanza. Dios es adorado con cánticos y música en las mansiones celestiales, y al expresar nuestra gratitud nos aproximamos al culto que rinden los habitantes del cielo. Se nos dice: "El que ofrece sacrificio de alabanza me glorificará." Presentémonos, pues, con gozo reverente delante de nuestro Creador, con "acciones de gracias y voz de melodía." [120]

Algunas citas que Ellen White escribió sobre el mal uso de la música religiosa:

La música forma parte del culto de Dios en los atrios del cielo. En nuestros cantos de alabanza, debemos intentar acercarnos tanto como sea posible a la armonía de los coros celestiales. A menudo me he entristecido al oír voces incultas, elevadas hasta la más alta nota, chillando literalmente, al expresar las sagradas palabras de algún himno de alabanza. Cuán inapropiadas son esas voces agudas y estridentes en el culto sagrado y el gozoso servicio de Dios. Anhelo tapar mis oídos, o huir lejos del lugar, y me alegro cuando el penoso ejercicio ha terminado.[121]

Los que hacen del canto una parte del culto divino, deben elegir himnos con música apropiada para la ocasión, no de notas fúnebres, sino alegres y, con todo, melodías solemnes. La voz puede y debe ser modulada, enternecida y subyugada.[122]

Vi que todos deben cantar con el espíritu y con el entendimiento también. A Dios no le complace la jerga y la discordancia. Lo correcto le agrada siempre más que lo incorrecto. Y, cuanto más puedan acercarse los hijos de Dios a lo correcto, con canto armonioso, tanto más será él glorificado, la iglesia beneficiada y los no creyentes favorablemente impresionados.[123]

---

[120] Ellen White, *El Camino a Cristo*, 73-4.
[121] Ellen White, *El Evangelismo*, 370
[122] Idem.
[123] Idem.

No contratéis músicos mundanos, si esto puede evitarse de alguna manera. Reunid cantores que canten con el espíritu y también con el entendimiento. La ostentación extraordinaria que a veces hacéis implica gasto innecesario, que a los hermanos no se les debe exigir que hagan; y encontraréis que después de un tiempo los no creyentes no estarán dispuestos a dar dinero para hacer frente a estos gastos.[124]

Las cosas superficiales que se han introducido en el culto en (...) deben evitarse decididamente... Dios acepta la música únicamente cuando por su influencia los corazones son santificados y enternecidos. Pero muchos que se complacen con la música no saben lo que significa producir melodías en sus corazones para Dios. Sus corazones se han ido "tras los ídolos."[125]

El episodio de Indiana y la carne santificada

Ellen White tuvo que hacer frente, en diversas ocasiones, a ciertos focos de fanatismo dentro de la iglesia adventista, combatiendo "sentimientos de excitación" [126] y "agitación enfermiza e innecesaria."[127] A propósito de estos movimientos, James White escribe:

Esas reuniones eran irregulares, prolongadas, extendiéndose por horas con períodos de pausa y descanso, continuando a veces toda la noche y asistida con gran excitación y gritos, batido de palmas, gestos y contorciones.

Algunos gritaban tan alto e ininterrumpidamente que se quedaban roncos y afónicos, simplemente porque no podían gritas más, mientras otros tenían las manos llenas de ampollas de tanto golpearlas.[128]

---

[124] Idem, 371.
[125] Idem, 371, 372.
[126] Ellen White, *Testimonios Para la Iglesia*, tomo 1, 365.
[127] Ellen White, Manuscrito 11,1850
[128] James White, *Life Incidents*, 157, citado por Reis, "Elena G. de White y la Música Adventista," 46.

Reis explica los orígenes del movimiento de la carne santificada:

En la segunda parte de la década de 1890 surgió un movimiento en la Iglesia Adventista en Norteamérica conocido como "Recibid el Espíritu Santo", liderado por los ministros adventistas A. F. Ballenger y A. T. Jones. Este movimiento buscaba una renovación en la vida espiritual mediante el poder del Espíritu Santo, y culminó en 1899, cuando se desarrolló en el Estado de Indiana un movimiento perfeccionista, también llamado el "mensaje de la purificación" y descrito por observadores externos como "el movimiento de la carne santificada."

El presidente y los líderes de la iglesia en Indiana, insatisfechos con la condición espiritual de legalismo y tibieza espiritual de la feligresía de aquel tiempo (1898-1900), empezaron a predicar el "mensaje laodicense" (ver Apoc. 3:14-22). Este mensaje enfatizaba la necesidad de una conversión genuina y la búsqueda de la santidad. Sin embargo, este énfasis fue llevado a un extremo por algunos miembros y algunos pastores locales, quienes empezaron a diseminar la idea de que la conversión debería llevar a un estado de completa santidad física e impecabilidad.[129]

Para lograr la "carne santificada", algunas personas fanáticas en Indiana comenzaron a promover reuniones en las que se cantaba durante largos períodos, se oraba, se danzaba en círculos y se gritaba "Aleluya", "Gloria", etc. Se llegaba a una intensa excitación física y emocional. Algunas personas caían inconscientes al suelo. Según los promotores de la doctrina de la carne santificada, la persona que caía al suelo, inconsciente, estaba pasando por la "experiencia del jardín." Así, la persona, todavía en el suelo, era rodeada por un grupo de fanáticos que le llevaban al frente del recinto y gritaban, danzaban, oraban y cantaban hasta que la persona recobraba la conciencia. Cuando esto ocurría, decían que la

---

[129] Reis, "Elena G. de White y la Música Adventista," 38.

persona acababa de pasar por la "experiencia del jardín" y su carne era santa, por lo tanto, ya no tenía pecado, había alcanzado la perfección de Jesús y estaba preparada para la traslación.

En el verano de 1900, la Asociación organizó reuniones campestres en varias ciudades del Estado de Indiana. En septiembre, en la ciudad de Muncie, Stephen Haskell y su esposa, junto a A. J. Breed y su esposa — ambos pastores de la Asociación General — asistieron a las reuniones campestres de Muncie, Indiana.

Poco después de lo ocurrido, el pastor Haskell y su esposa informaron a Ellen White, quien estaba en Australia por esas fechas, lo ocurrido en las reuniones campestres de Muncie, Indiana.

Una parte de la carta escrita por el pastor S. N. Haskell y dirigida a Ellen White dice:

> Hay un gran poder que acompaña al movimiento (de la carne santificada) que se promueve allí. Atraería casi a cualquiera dentro de su esfera de influencia, si concienzudamente se sientan a escuchar con el menor grado de aprobación, debido a la música que se ejecuta en la ceremonia. Tienen un órgano, un contrabajo, tres violines, dos flautas, tres panderetas, tres cornos y un gran tambor, y tal vez otros instrumentos que no he mencionado. Están tan entrenados musicalmente como cualquier coro del Ejército de Salvación que se haya escuchado alguna vez. De hecho, su esfuerzo de reavivamiento es simplemente una copia del método utilizado por el Ejército de Salvación, y cuando llegan a una nota aguda no se puede oír una palabra de lo que canta la congregación, sólo se pueden oír los gritos de aquellos que están medio dementes. Luego de un llamado para acercarse al frente para orar, algunos de los líderes siempre pasaban al frente para invitar a que la gente pase adelante; entonces comenzaban a tocar los instrumentos musicales, hasta que

uno ya no podía pensar con claridad; y, bajo la excitación de estos acordes, consiguen que una gran proporción de la congregación pase al frente una y otra vez.[130]

Haskell también le informó a Ellen White que algunos miembros de iglesia se habían desanimado y otros habían dejado de asistir a las reuniones campestres. La iglesia adventista en la Asociación de Indianápolis estaba dividida a causa del movimiento de la "carne santificada." Estas son las palabras del pastor Haskell:

> Ellos dicen que en los sitios donde han predicado hay individuos que se han convertido; de hecho, ha habido un gran crecimiento en la membresía de la Asociación durante este año. Realmente... cuando ellos llaman a la gente para que pase adelante y oran por ellos, comienzan a gritar y tocar sus instrumentos hasta que no se escucha nada más que el ruido de los instrumentos. Es una mezcla de verdad y error, con mucha excitación y música.[131]

Cuando Ellen White recibió las cartas — en septiembre de 1900 — comentó que Dios le había mostrado en enero del mismo año que los eventos sucedidos en Muncie habrían de ocurrir en reuniones campestres Adventistas del Séptimo Día:[132]

> Acerca de las cosas que habéis descrito, como las que vienen aconteciendo en Indiana, el Señor me ha mostrado que habían de ocurrir justamente antes de la terminación del tiempo de gracia. Se manifestará toda clase de cosas indecorosas. Habrá griterío, con tambores, música y danza. El juicio de los seres racionales quedará confundido de tal manera, que no podrán confiar en él para realizar las decisiones correctas. Y a esto consideran como la actuación del Espíritu Santo.

> El Espíritu Santo nunca se manifiesta en esa forma, mediante ese ruido desconcertante. Esto constituye una

---

[130] Informe de S. N. Haskell a Ellen White, 25 de Septiembre, 1900.
[131] Idem.
[132] Hamel, *Ellen White and Music,* 43-4.

invención de Satanás para ocultar sus ingeniosos métodos destinados a tornar ineficaz la pura, sincera, elevadora, ennoblecedora y santificadora verdad para este tiempo. Es mejor no mezclar nunca el culto a Dios con música, que utilizar instrumentos musicales para realizar la obra que en enero pasado se me mostró que tendría lugar en nuestras reuniones de reavivamiento. La verdad para este tiempo no necesita nada de eso para convertir a las almas. El ruido desconcertante aturde los sentidos y pervierte aquello que, si se condujera en la forma debida, constituiría una bendición. Los poderes de los agentes satánicos se unen con los gritos y el ruido, lo cual resulta un carnaval, y a esto se lo denomina la obra del Espíritu Santo.

No debería estimularse esta clase de culto. Este mismo tipo de influencia se manifestó después de que pasara la fecha de 1844. Ocurrieron las mismas representaciones. Los hombres se alborotaron y fueron estimulados por un poder que pensaban que era el poder de Dios.

El Espíritu Santo no tiene nada que ver con ese ruido que confunde y esa multitud de sonidos que me fueron mostrados en enero pasado. Satanás trabaja en medio del estruendo y de la confusión producida por esa clase de música, la cual, si fuera dirigida debidamente, serviría para alabar y glorificar a Dios. El diablo hace que tenga el mismo efecto que la mordedura venenosa de la serpiente.

Esas cosas que han ocurrido en el pasado ocurrirán en el futuro. Satanás convertirá la música en una trampa, debido a la forma en que es dirigida. Dios exhorta a su pueblo, que tiene la luz ante sí en la Palabra y los testimonios, a que lea y considere, y luego que obedezca.[133]

---

[133] Ellen White, *Mensajes Selectos*, tomo 2, 36, 37.

Algunas conclusiones respecto al episodio de Indiana y la carne santificada

1. La doctrina de la "carne santificada" era teológicamente incorrecta. Ellen White escribe al respecto:

La enseñanza de la "carne santificada" está equivocada. Todos pueden obtener ahora corazones santificados, pero es incorrecto pretender que en esta vida se puede tener carne santificada. El apóstol Pablo declara: "Yo sé que en mí, esto es, en mi carne, no mora el bien" (Rom. 7:18). A los que se han esforzado tanto por alcanzar por la fe la así llamada carne santificada, quiero decirles: No podéis obtenerla. Ninguno de vosotros posee ahora carne santificada. Ningún ser humano en la tierra tiene carne santificada. Es una imposibilidad.[134]

A lo largo de la historia de la música sacra, notamos la íntima conexión que existe entre la teología y la música. Cuando la teología es incorrecta, la música sacra lo refleja, y viceversa. En el episodio de la carne santificada, la doctrina era fanática, perfeccionista y desequilibrada: apelaba a una emotividad extrema. La música fue una expresión tan fanática, confusa y manipuladora como la teología que se estaba predicando.

2. El estilo de culto no era apropiado. Según Ellen White, "El Espíritu Santo nunca se manifiesta de esta forma." La Palabra de Dios dice que el Espíritu Santo edifica a la iglesia,[135] pero nunca se manifiesta produciendo confusión,

---

[134] Idem.
[135] 1 Cor. 14:10-17: "Hay muchos idiomas diferentes en el mundo, y cada uno tiene su significado; pero si no entiendo un idioma, soy un extranjero para el que lo habla, y el que lo habla es un extranjero para mí. Lo mismo ocurre con ustedes. Ya que están tan deseosos de tener las capacidades especiales que da el Espíritu, procuren las que fortalecerán a toda la iglesia. Por lo tanto, el que habla en lenguas también debería pedir en oración la capacidad de interpretar lo que se ha dicho. Pues, si oro en lenguas, mi espíritu ora, pero yo no entiendo lo que digo. ¿Qué debo hacer entonces?

griterío y manipulación emocional, como pasó en Indiana. Ellen White confirma lo que la Biblia dice. Ella misma se considera una "luz menor que lleva a una luz mayor."[136] En un siglo en el que los movimientos carismáticos crecen en número y popularidad en el cristianismo y se manipulan respuestas emocionales de la gente a través de la música, en el supuesto nombre del Espíritu Santo, la advertencia de Ellen White tiene más relevancia que nunca. En el terreno espiritual no hay terreno neutral, ni se puede servir a dos señores.

"Es mejor no mezclar nunca el culto a Dios con música, que utilizar instrumentos musicales para realizar esta clase de obra." [137] En otras palabras: si no sabemos utilizar correctamente los instrumentos musicales en la adoración, mejor no utilizarlos.

Hace poco asistí a un concierto de música adventista. El equipo de sonido no estaba funcionando bien, y se escuchaban los sonidos agudos muy estridentes. Los primeros cantos fueron acompañados por pistas instrumentales que sonaban recargadas y ruidosas. Apenas se podía escuchar la voz de los cantantes, y no se distinguía el mensaje de la letra. Los arreglos instrumentales estaban llenos de distorsión y la amplificación era exagerada. La atmósfera que creaba la música era tensa y no fui capaz de disfrutarla mientras la escuchaba. De pronto pasó una joven y cantó una canción sin ningún tipo de acompañamiento instrumental. Tenía una voz preciosa, y la canción era sencilla, con una letra muy bien escrita, que hablaba de Jesús. ¡Qué alivio! Pude notar como las personas nos

---

Oraré en el espíritu y también oraré con palabras que entiendo. Pues, si alabas a Dios solamente en el espíritu, ¿cómo podrán los que no te entienden alabar a Dios contigo? ¿Cómo podrán unirse a tus agradecimientos cuando no entienden lo que dices? Tú darás gracias muy bien, pero eso no fortalecerá a la gente que te oye."
[136] Ellen White, *Review and Herald*, 20 de Enero de 1903.
[137] Ellen White, Carta 132, 1900. *Mensajes Selectos*, tomo 2, 41, 42.

relajábamos y nos uníamos en espíritu al ambiente cálido que la música producía.

Como instrumentista estoy convencida de que, si los instrumentos no se saben utilizar bien, es mejor no utilizarlos. Es puro sentido común, y Ellen White dice que en el culto divino hemos de usar "el sentido común."[138]

Los instrumentos, en el contexto de la música religiosa, tienen como función acompañar el mensaje de la letra. Si, como dice el Pastor Haskell en su carta "se tocan los instrumentos hasta que no se escucha nada más que el ruido de los instrumentos,"[139] entonces la música religiosa pierde por completo su propósito. No podemos adorar a Dios si no entendemos lo que cantamos o escuchamos, ya que la verdadera adoración se ofrece con "el espíritu y el entendimiento" (1 Cor. 14:15).

3. *"La verdad para este tiempo no necesita nada de eso para convertir a las almas."* Jesús es la verdad, y él dijo que en la Palabra de Dios encontramos su verdad (Juan 14:6; 17:17). La verdad para este tiempo no necesita que la gritemos hasta que nos quedemos afónicos. No necesita que la repitamos eufóricamente, hasta que la gente se caiga al suelo. La verdad brilla por sí misma y tiene suficiente poder. La música sólo necesita comunicar esa preciosa verdad, crear la atmósfera adecuada para que la verdad brille. Ese es el verdadero poder de la adoración: exaltar la belleza del carácter de Jesús y experimentar la presencia de su verdad en nuestras vidas.

4. *"(Esta música) si se condujera en la forma debida, constituiría una bendición."* Más adelante, en la misma carta, Ellen White escribe: "esa clase de música... si fuera dirigida

---

138 Ellen White, *Mensajes Selectos*, tomo 3, 247.
139 Informe de S. N. Haskell a Ellen White, Septiembre 25, 1900.

debidamente, serviría para alabar y glorificar a Dios." Ellen White no condena los instrumentos musicales usados en Indiana, ni el tipo de canciones, ni las letras de las mismas. Ella condena la forma en la que se utilizó la música. Esta puntualización es crucial a la hora de analizar lo que sucedió en Indiana, porque hay quienes intepretan que el verdadero problema del episodio de Indiana fue la música, y específicamente los instrumentos. Ellen White menciona dos veces en la misma carta el hecho de que esta misma música, dirigida debidamente, hubiera servido para alabar a Dios.

Ella también escribe: "Satanás convertirá la música en una trampa debido a la forma en que es dirigida."[140] Las personas encargadas de dirigir la música en la iglesia tenemos una enorme responsabilidad. La música es un ministerio. Los músicos somos facilitadores de la adoración; instrumentos para dejar a Dios actuar, para permitir que el Espíritu Santo se manifieste, para elevar a la gente a la presencia de Jesús y exaltar su nombre. No podemos invocar la presencia de Dios al dirigir la adoración si no hemos dedicado antes un tiempo para llenarnos de Dios. No se puede servir a dos señores (Mat. 6:24). En Indiana no se estaba predicando la Palabra de Dios sino una falsificación de la misma. La carne santificada no tiene fundamento en la Biblia. La música que utilizaron en el culto, en vez de ministrar y llevar a la gente a Jesús, les llevó a una experiencia fanática, distorsionada y altamente emotiva, en la que el Espíritu Santo no sólo no se pudo manifestar, sino que el espíritu del enemigo encontró un espacio entre los supuestos seguidores de Jesús. La forma en que se condujo la música fue totalmente inapropiada, al igual que la forma de orar, de gritar, de llorar, de danzar frenéticamente y de presentar la Palabra de Dios de forma tergiversada y falsa, fue inapropiada.

---

[140] Ellen White, *Mensajes Selectos*, tomo 2, 243

5. *"Los poderes de los agentes satánicos se unen con los gritos y el ruido, lo cual resulta un carnaval."* [141] En las traducciones al español vigentes de la carta de Ellen White, referida en *Mensajes Selectos*, tomo 2 o *El Evangelismo*, la palabra que se usa en el contexto es "instrumentos satánicos." Ellen White usa los términos *"satanic agencies"* en inglés. La palabra *"agency"* (singular de *"agencies"*), según el diccionario, se traduce como: acción, operación, obra, mediación, ministerio, medio, órgano, fuerza, agente. [142] La palabra "instrumento" no es una acepción que el diccionario considere en la traducción de "agente." Los sinónimos de la palabra *"agencies"* en inglés son: *"business, organization, company, action, activity, means, effect, influence, force, power, vehicle, medium, intervention."* "Instrument" no es una opción. Por lo tanto, es importante entender que Ellen White, en el contexto de la carta donde menciona "agencias satánicas", no se está refiriendo a los instrumentos musicales, sino a los agentes o medios satánicos que, como ella sigue escribiendo, se mezclaron con el ruido y la confusión, produciendo un carnaval. En el contexto Ellen White está refiriéndose a la doctrina equivocada de la carne santificada y al culto fanático, basado en la manipulación emocional, el ruido y la confusión. La música era una parte de estos agentes, ya que se usó de forma inapropiada. Este conjunto de elementos que fueron utilizados de forma indebida, son los agentes satánicos a los que ella se está refiriendo, si leemos en contexto. En ese punto, Reis ofrece un análisis incisivo:

> Al igual que los otros movimientos fanáticos adventistas, el elemento principal del culto emocional en Indiana no era la música, el estilo de los himnos o los instrumentos musicales, sino las ideas perfeccionistas de algunos miembros más

---

[141] Ellen White, *Mensajes Selectos*, tomo 2, 36-7.
[142] *S.v.* "agency," en *New College Spanish and English Dictionary* (New York: NY, McGraw Hill, 1984).

fanáticos. Ellos buscaban y alcanzaban el culto emocional con o sin los instrumentos musicales.[143]

Hay quienes sostienen que los acontecimientos en Indiana y la posterior referencia a ellos por Ellen White dan lugar a la prohibición de los "tambores" (llámese batería) y la percusión en la adoración adventista. Según los defensores de esta idea, los tambores tienen la culpa del culto emocional en Indiana. Tal conclusión es insostenible, ya que sabemos que el culto emocional en Indiana comenzó sin el uso de percusión u otros instrumentos musicales.

El hecho ineludible es que la hermana White no condenó de forma irrevocable los tambores en la música de Indiana, así como no rechazó permanentemente el uso de los violines ni las trompetas ni el himnario ni la música que se utilizaron allí. Además, no existe en ninguna parte de sus escritos una condenación a un instrumento musical. Fue en el contexto del culto ruidoso, donde había simultáneamente música, oración, canto congregacional y gritos, que Ellen White dijo: "es mejor no mezclar nunca el culto a Dios con música, que utilizar instrumentos musicales para realizar la obra que en enero pasado se me mostró que tendría lugar en nuestras reuniones de reavivamiento."[144]

6. *"Esas cosas que han ocurrido en el pasado ocurrirán en el futuro. Satanás convertirá la música en una trampa, debido a la forma en que es dirigida. Dios exhorta a su pueblo, que tiene la luz ante sí en la Palabra y los testimonios, a que lea y considere, y luego que obedezca."* [145] La música fue creada por Dios como un maravilloso lenguaje para adorarle. Un lenguaje que va más allá de las palabras y nos acerca a Dios y entre nosotros. La música perfecta del cielo está inspirada por la misma presencia de Dios. El enemigo nos ha mostrado, a través de la historia de la humanidad y muy especialmente en la

---

[143] Reis, "Elena G. de White y la Música Adventista," 38.
[144] Idem, 42.
[145] Ellen White, *Mensajes Selectos*, tomo 2, 36-7.

actualidad, que es capaz de tergiversar y dañar la música, y convertirla en una trampa.

Creo firmemente que entender lo que pasó en Indiana y el movimiento fanático de la carne santificada puede arrojar luz sobre situaciones que tengamos que considerar hoy, tanto dentro como fuera de la iglesia adventista. Cuando afinamos nuestro corazón con la voluntad de Dios, muriendo a nosotros mismos y pidiéndole al Espíritu Santo que nos guíe, cuando entregamos los talentos musicales que Dios nos ha confiado para que Él los utilice, la música que salga de nuestro corazón, nuestra voz y nuestras manos estará dirigida por el Espíritu Santo y exaltará a Jesús.

Cuando la Palabra de Dios es tergiversada en las letras de lo que cantamos, cuando promovemos actitudes fanáticas y desequilibradas en la adoración, cuando manipulamos con el sentimentalismo, cuando la música crea ruido, confusión y griterío, cuando la atmósfera que se crea en la adoración tiene más que ver con un carnaval que con una actitud reverente hacia Dios, cuando los corazones se han alejado de Dios y se han llenado de sí mismos, entonces es muy posible que la música se haya convertido en una trampa, y que el espíritu que se manifieste no sea el Espíritu Santo.

Por eso hoy, más que nunca, las palabras de Ellen White cobran vital importancia: "Dios exhorta a su pueblo, que tiene la luz ante sí en la Palabra y los testimonios, a que lea y considere, y luego que obedezca."[146]

Ellen White y la música secular

La palabra secular deriva del latín *secularis*, y hace referencia a "algo que sucede o se repite cada siglo."[147] En el marco de las artes, la música secular es aquella que no está

---

[146] Ellen White, *Mensajes Selectos*, tomo 2, 36-7.
[147] *Diccionario de la Real Academia de la Lengua Española.*

creada con propósitos religiosos, sino sirve a fines sociales, culturales, comerciales, pedagógicos o lúdicos. Dentro de la música secular encontramos dos grandes categorías: La música secular académica — también llamada culta o clásica — y la música secular popular.

Los himnos nacionales son un ejemplo de música secular académica. Las obras folklóricas, en cambio, se enmarcan en la música secular popular.

Ellen White nació en 1827, el año en el que murió Ludwig Van Beethoven. En la segunda mitad del siglo XIX el Romanticismo musical europeo comenzó a divulgarse en Estados Unidos de América, especialmente en las ciudades grandes.[148]

Tanto Ellen como James White pertenecían a familias trabajadoras de limitados recursos económicos. En la época en la que les tocó vivir, las entradas para conciertos de orquestas sinfónicas o música académica eran un lujo que ellos nunca se dieron.

La familia de James White probablemente tuvo acceso limitado a lo mejor de la música secular culta. Hay poca referencia a música de esta calidad en los escritos tanto de James como de Ellen White. Pero esto no quiere decir que no hayan disfrutado de la buena música secular. Las pocas veces que escuchó música intepretada por agrupaciones profesionales, la señora White tuvo una impresión favorable e indicó su apreciación.[149]

Paul Hamel, quien fuera director del Departamento de Música de Andrews University y autor del *Ellen White and Music. Background and Principles*, dedicó un capítulo entero de su libro a explicar el contexto de la música popular en el

---

[148] Willi Apel, *Harvard Dictionary of Music* (Cambridge, MA: 1977), 555.
[149] Hamel, *Ellen White and Music*, 34.

tiempo de Ellen White y la relación de la mensajera del Señor con la misma. En ese capítulo, Hamel escribe:

> Ellen White disfrutó de una variedad de música y no la condenó sólo porque fuera secular. En una ocasión fue a un recital de música vocal (secular), y dijo: 'Estamos presenciando un concierto indescriptible... Las voces son simplemente espléndidas, muy agradables...'[150] Ella reconoció que la música puede ser relajante y amena, y que otra música, aparte de la música religiosa, era digna del tiempo y la atención de un cristiano.
>
> Ellen White disfrutó de la música secular. En sus cartas encontramos referencias a un elevado número de programas que ella consideró placenteros.[151]

En 1893, Ellen White visitó Nueva Zelanda. El barcó en el que navegaba debió parar a causa de la niebla. Mientras esperaban, un grupo de músicos ofreció un recital improvisado. Ellen White le escribió las siguientes palabras a un familiar, haciendo referencia a la música secular que escuchó en esa ocasión:

> ... los músicos entretuvieron a los pasajeros impacientes con música, bien seleccionada y bien presentada. Esta no hería los sentidos como la noche anterior, sino que era suave y realmente gratificante para los sentidos, porque era armoniosa.[152]

Aunque Ellen White aprobó la intepretación y la audición de música secular apropiada, también escribió varias páginas que hacen referencia a música secular inapropiada para que los hijos de Dios escuchen e interpreten. Para comprender a qué música se refiere, deberíamos conocer el tipo de música popular que se escuchaba en su época.

---

[150] Ellen White, Carta 8, 1876.
[151] Hamel, *Ellen White and Music*, 34.
[152] Ellen White, *La música: Su Influencia en la Vida del Cristiano* (Buenos Aires: ACES, 1996), 4.

Ya hemos dicho que, en la época de Ellen White, el Romanticismo musical estaba en pleno apogeo en Europa, ganando terreno en los Estados Unidos de América. Grandes compositores como P. Tchaikowsky, J. Brahms, M. Mussorgsky, A. Dvořák, G. Puccini, A. Bruckner y J. Sibelius fueron contemporáneos de Ellen White y escribieron sus obras célebres mientras ella vivía. Sin embargo, las referencias que ella hace en contra de la música secular se enfocan particularmente en la música popular trivial y grosera de su época.

> En el tiempo de Ellen White existía un gran número de canciones populares que eran lascivas y vulgares."[153] "... la música popular estaba dominada por el *ragtime* (una forma especial de síncopa), *coon songs* (canciones que se burlaban de la raza negra), y el *cakewalk* (una danza excéntrica, en la que el cuerpo se contorneaba, asociada con los *comics* negros de *vaudeville*). También eran populares en esta época las llamadas *smart songs* — las parodias y sátiras que a menudo tienen letras indecentes. Frecuentemente las palabras eran explícitamente pecaminosas o llenas de doble sentido.[154]

Seguramente es a este tipo de canciones vulgares y obscenas a las que Ellen White se refiere cuando reprende a un grupo de jóvenes que están cantando y tocando música "frívola, propia de los salones de baile":

> Los ángeles se ciernen sobre un hogar. Hay allí una reunión juvenil, y se oyen sonidos de música vocal e instrumental. Es una reunión de cristianos, pero ¿qué es lo que se oye? Es una canción frívola propia de los salones de baile. Entonces, los santos ángeles retraen su luz de ellos, y la oscuridad rodea a los que se encuentran en ese hogar. Ahora los ángeles se alejan de ese lugar con rostros tristes y llorosos... La música ha ocupado el tiempo que debiera haberse dedicado a la oración. La música es el ídolo que adoran muchos cristianos que

---

[153] Hamel, *Ellen White and Music*, 50.
[154] Idem, 60.

profesan ser observadores del sábado. Satanás no tiene ninguna objeción contra la música cuando puede convertirla en canal para tener acceso a las mentes de la juventud... La música es una bendición cuando se la emplea en forma apropiada; pero con frecuencia se la convierte en uno de los instrumentos más atractivos de Satanás para entrampar a las almas. Cuando se abusa de ella, conduce a los que carecen de consagración al orgullo, la vanidad y la insensatez.[155]

En otra ocasión, escribe palabras que vuelven a condenar el mal uso de la música:

> Me siento alarmada al notar por doquiera la frivolidad de hombres y mujeres jóvenes que profesan creer la verdad. No parecen pensar en Dios. Su mente rebosa de insensatez, y su conversación, de asuntos vacíos y vanos. Su oído tiene agudeza para percibir la música, y Satanás sabe qué órganos puede excitar para animar, embargar y hechizar la mente, de modo que no desee a Cristo... La introducción de la música en sus hogares, en vez de incitarlos a la santidad y la espiritualidad, ha contribuido a distraer de la verdad sus espíritus. Los cantos frívolos y la música popular parecen cuadrar con su gusto. Se ha dedicado a los instrumentos de música el tiempo que debiera haberse dedicado a la oración.[156]

Me resulta muy interesante el análisis que hace Ellen White sobre la música que tiene efectos negativos. Ella condena la trivialidad, la frivolidad de la música popular, que encuentra eco en los corazones de las personas que la intepretan.

El *Diccionario de la Real Academia de la Lengua Española* define "trivial" como "vulgarizado, que no sobresale de lo ordinario y común, que carece de toda importancia y novedad." Y frívolo se define como "ligero, insustancial. Se dice de los espectáculos ligeros y sensuales, de sus textos, canciones y bailes, y de las personas que los interpretan.

---

[155] Ellen White, *Testimonios Para la Iglesia*, tomo 1, 443-4.
[156] Ellen White, *El Hogar Cristiano*, 370-1.

Hay una relación entre el carácter de la música y el carácter de la persona que la intepreta. Ellen White se refiere a la misma relación.

Los discípulos de Cristo estamos llamados a parecernos cada día más a nuestro Maestro, a ser una luz en este mundo. Tanto la música religiosa como la música popular que interpretemos, debería buscar agradar a nuestro Dios.

Con frecuencia olvidamos que el enemigo puede usar la música como una herramienta para alejar a las personas de las verdades de Dios, y acercarlas a su reino de egoísmo, orgullo y oscuridad.

Más que nunca la música popular está produciendo letras que corroen desde la raíz los fundamentos del cristianismo. Letras groseras, vulgares, triviales, que encuentran estilos musicales igualmente groseros, vulgares y triviales para crear atmósferas en las que el pecado encuentra el vehículo perfecto para crecer y expandirse.

Jesús, en Juan 17:14-16, orando por ti y por mí, le ruega a su Padre:

> *"Yo les he dado tu palabra y el mundo los ha odiado, porque no son del mundo, como tampoco yo soy del mundo. No te ruego que los saques del mundo, sino que los guardes del mal. Ellos no son del mundo, como tampoco yo soy del mundo. Santifícalos en la verdad; tu palabra es verdad."*

Aplicando el principio de "no quitarlos del mundo, pero guardarlos del mal" a la música secular, quisiera parafrasear el pasaje de Juan 17 de la siguiente manera:

> *"Padre, ellos viven en este mundo de pecado; tocan instrumentos que no son angelicales, sino del mundo; usan estilos musicales que no son celestiales, sino del mundo; no se visten con trajes de luz, sino con ropa de este mundo, pero aunque vivan en este mundo, Padre, guárdalos de hacer música con valores contrarios a los de tu Reino.*

Padre, cambia su corazón trivial, frívolo, por un corazón nuevo,
lleno del Espíritu Santo, para que sus vidas sean música a tus oídos,
mi Dios."

Ellen White y la educación musical

Como se mencionó al comienzo del capítulo, Ellen White vivió durante la Era Victoriana (1830-1910). Durante esos años se produjeron notables cambios económicos, sociales y religiosos en los Estados Unidos de América. En la segunda mitad del siglo XIX se establecieron los conservatorios más emblemáticos: Boston, Cincinnati, New England, Oberlin, Peabody y Harvard, y la educación musical llegó a ser parte del curriculum en las escuelas públicas de todo el país.[157]

Ellen White reconoció la importancia de la educación musical tanto en el marco del hogar como en el de la escuela y la iglesia, y dedicó varias páginas a escribir al respecto. Seguramente el hecho de que su suegro fuera instructor de canto y que su marido y cuñadas tuvieran una voz cultivada, motivó a Ellen White a valorar la instrucción musical como una de las áreas que la educación adventista debería contemplar. Esta preocupación se refleja en las siguientes citas:

> Cuando los seres humanos cantan con el Espíritu y el entendimiento, los músicos celestiales toman las melodías y se unen al canto de agradecimiento. El que ha derramado, sobre todos, los dones que nos capacitan para ser obreros juntamente con Dios, espera que sus siervos cultiven sus voces de modo que puedan hablar y cantar de manera que todos puedan comprender. Lo que se necesita no es cantar fuerte, sino una entonación clara y una pronunciación correcta. Dediquen todos tiempo a cultivar la voz, de modo que puedan cantar las alabanzas a Dios en tonos claros y suaves, sin asperezas ni chillidos que ofenden el oído. La

---

[157] Apel, *Harvard Dictionary of Music*, 555.

habilidad de cantar es don de Dios; utilicémosla para darle gloria.

La voz humana tiene mucho poder afectivo y musicalidad; y si el que aprende realiza esfuerzos decididos adquirirá el hábito de hablar y cantar que será para él un poder a fin de ganar almas para Cristo.[158]

Puede introducirse muchas mejoras en el canto. Algunos piensan que cuanto más fuerte canten tanto más musicales son, pero el ruido no es música. El buen canto es como la música de los pájaros: suave y melodioso.[159]

En algunas de nuestras iglesias he escuchado solos que eran inapropiados para el servicio de culto en la casa de Dios. Las notas prolongadas y los sonidos peculiares tan comunes en el canto de ópera no agradan a los ángeles. Estos se complacen en oír los sencillos cantos de alabanza expresados en un tono natural. Ellos se unen con nosotros en los cantos en los que cada palabra se pronuncia claramente, en un tono musical. Participan en las melodías cantadas con el corazón, el espíritu y el entendimiento.[160]

Me alegra saber que la escuela de Healdsburg ha introducido la música en su programa de enseñanza. Es necesario que las escuelas enseñen canto. Debería haber mucho más interés en el cultivo de la voz de lo que por lo general se manifiesta. Los estudiantes que han aprendido a cantar cantos evangélicos dulces con melodía y nitidez, pueden hacer mucho bien como cantantes evangelistas. Ellos encontrarán muchas oportunidades para usar el talento que Dios les ha dado, para llevar melodía y alegría a muchos lugares solitarios y entenebrecidos por el pecado, la tristeza y la aflicción, cantando para aquellos que apenas tienen el privilegio de asistir a la iglesia.[161]

---

[158] Ellen White, *El Evangelismo*, 368
[159] Idem, 372.
[160] Idem.
[161] Ellen White, *Review and Herald*, 27 de Agosto de 1903.

Con respecto a la educación musical en el hogar, Ellen White escribe:

> Nunca se debe perder de vista el valor del canto como medio educativo. Entonen en el hogar cantos dulces y puros, y habrá menos palabras de censura y más de alegría, esperanza y gozo. Cántese en la escuela, y los alumnos serán atraídos más a Dios, a sus maestros, y los unos a los otros.[162]

En referencia al método ideado por Dios para que el pueblo de Israel aprendiera y retuviera la ley en su memoria, ella escribe:

> "...y las repetirás a tus hijos, y hablarás de ellas estando en tu casa, y andando por el camino, y al acostarte, y cuando te levantes." De acuerdo con estas palabras, Moisés instruyó a los israelitas a ponerle música a las palabras de la ley. Mientras los niños mayores tocaban instrumentos musicales, los menores marchaban y cantaban en concierto el cántico de los mandamientos de Dios. En los años subsiguientes retenían en su mente las palabras de la ley que aprendieran durante la niñez.[163]

La música: atmósfera del cielo

¿Te has preguntado alguna vez cómo es la música del cielo? ¿Cómo suenan esos coros de ángeles, cuya alabanza se origina en la misma presencia de Dios? ¿Qué acordes se utilizan, qué melodías se construyen en las composiciones celestiales? La Palabra de Dios nos cuenta de algunas personas que escucharon la música del cielo. Juan, el autor del Apocalipsis, escribe sobre coros de ángeles, cantos cantados por los redimidos, y describe la música del cielo como "maravillosa" y "sublime" (véase Apoc. 14:1-4).

---

[162] Ellen White, *La Educación*, 152.
[163] Ellen White, *El Evangelismo*, 329-30.

Ellen White tuvo el gran privilegio de ser arrebatada en visión y escuchar la música del cielo. Al describir la experiencia, ella escribió:

Se me mostró el orden, el perfecto orden del cielo, y me sentí extasiada cuando escuché allá esa música perfecta. Después de salir de la visión, el canto de aquí me parecía áspero y discordante... Hay un ángel que siempre dirige, que toca primero el arpa y da la nota, y luego todos se unen en la rica y perfecta música del cielo. No se la puede describir. Es una melodía divina, celestial; en tanto que de todos los rostros resplandece la imagen de Jesús, que brilla con gloria indescriptible.[164]

Pronto escuché una voz que sonó como muchos instrumentos musicales, todos en perfectos acordes, dulces y armoniosos.[165] ... La melodía de la alabanza es la atmósfera del cielo; y cuando el cielo se pone en contacto con la tierra, hay música, canciones de agradecimiento, y voces melodiosas.[166]

Entonces un regocijo indescriptible llenó el cielo. La gloria y la bendición de un mundo redimido excedió a la misma angustia y al sacrificio del Príncipe de la vida. Por todos los atrios celestiales repercutieron los acordes de aquella dulce canción que más tarde habría de oírse sobre las colinas de Belén: "¡Gloria a Dios en las alturas y en la tierra paz, buena voluntad para con los hombres!" (Luc. 2:14). Ahora con una felicidad más profunda que la producida por el deleite y entusiasmo de la nueva creación, "alababan juntas todas las estrellas del alba y se regocijaban todos los hijos de Dios" (Job 38:7).[167]

Al conducirnos nuestro Redentor al umbral de lo infinito, inundado con la gloria de Dios, podremos comprender los temas de alabanza y agradecimiento del coro celestial que rodea el trono, y al despertarse el eco del canto de los ángeles

---

[164] Ellen White, *Testimonios Para la Iglesia*, tomo 1, 146.
[165] Ellen White, *Testimonios*, tomo 1, 181.
[166] Ellen White, *La Educación*, 161.
[167] Ellen White, *Patriarcas y Profetas*, 46.

en nuestros hogares terrenales, los corazones estarán más cerca del coro celestial. La comunión con el cielo inicia en la tierra. Aquí aprendemos la clave de su alabanza.[168]

Conclusión

Quisiera terminar este capítulo con una de mis citas preferidas de esta gran mujer de Dios. Una mujer que tuvo el privilegio de recibir mensajes del Señor para un tiempo definido en la historia del cristianismo. Una mujer que visionó grandes verdades que servirían de base para dar inicio al movimiento adventista en la segunda mitad del siglo XIX. Una mujer que, a pesar de haber recibido una escasa educación formal, escribió más de setenta mil páginas y se ha convertido en una de las escritoras americanas más leídas de todos los tiempos.[169]

Después de haber sido llevada al cielo en visión, Ellen White escribe:

> La melodía de la alabanza es la atmósfera del cielo; y cuando el cielo se pone en contacto con la tierra, se oye música y alabanza, alegría y gozo, alabanza y voces de canto.[170]

Soy Adventista del Séptimo Día porque espero el pronto regreso del Señor Jesús. Me dedico a la música, como profesión, vocación y ministerio. Mientras trabajo y le ofrezco a Dios la mejor música que soy capaz de escribir e interpretar, soy consciente de que mi música es imperfecta, "áspera y discordante" — como describió Ellen White — comparada con la música perfecta y sublime del cielo. Aún así, Dios en su Palabra nos invita a cantarle un canto nuevo, un canto que brote de nuestra experiencia con Jesús. Nuestra música necesita reflejar quién es Jesús. Ellen White

---

[168] Ellen White, *La Educación*, 152.
[169] Aamodt et. al., *Ellen Harmon White*, 91.
[170] Ellen White, *La Educación*, 146.

escribe unas palabras maravillosas, en la que expresa la importancia de reflejar la verdad tal y como la predicó y vivió el Señor Jesús:

> Queremos la verdad como es en Jesús... He visto que almas preciosas que habrían abrazado la verdad se han apartado de la misma por la manera en la que se ha presentado la verdad porque Jesús no estaba en ella. Y de esto llevo tiempo intentando convenceros: ¡queremos a Jesús![171]

Jesús sigue siendo el centro del mensaje adventista y el centro de la adoración. Seguramente Dios sabe que mientras nos esforzamos por escribir, cantar e interpretar música que exalte a Jesús, nos acercaremos más a la atmósfera del cielo. Experimentaremos la presencia de Jesús y sus ángeles más cerca de nuestro corazón. Empezaremos a crear "pedacitos de cielo" allí donde estemos, atrayendo a la gente a Jesús, centro y razón de la adoración verdadera. Jesús, nuestro Salvador, el motivo de nuestro canto y nuestra adoración por los siglos de los siglos.

---

[171] Ellen White, Manuscrito 9, 1888.

CAPÍTULO 7
LEVITAS CONTEMPORÁNEOS

Dios liberó al pueblo de Israel, su pueblo, milagrosamente del imperio que los esclavizó durante cuatrocientos años.

Dios abrió el Mar Rojo para que ellos pudieran cruzarlo... ¡caminando!

Dios destruyó delante de sus ojos al ejército del faraón de Egipto, el más poderoso de su época.

Dios habló con ellos a través de Moisés, para darles esperanza y la seguridad de su protección. Les envió una nube y una columna de fuego en las que podían ver — literalmente — que Él estaba con ellos.

Sin embargo, en cuanto Moisés se ausentó del campamento por unos días, el amado pueblo de Dios flirteó con otros dioses. Cayó en la infidelidad.

Dios los había sacado de Egipto, pero Egipto no había salido de sus corazones.

El episodio de la adoración del becerro nos enseña algunas tristes realidades acerca de lo que el ser humano es capaz de hacer cuando pierde de vista a Dios y sigue sus propias inclinaciones pecaminosas. Sin embargo, allí, en medio de la idolatría, el griterío, la grosería, la falsa adoración, la danza sensual, la música orgiástica y la confusión, un grupo de hombres y mujeres permanecen fieles a Dios. Un grupo de hombres y mujeres decidió no participar en la falsa adoración.

> *"Moisés vio que Aarón había permitido que el pueblo se descontrolara por completo y fuera el hazmerreír de sus enemigos. Así que se paró a la entrada del campamento y gritó: "Todos los que estén de parte del Señor, vengan aquí y únanse a mí." Y todos los levitas se juntaron alrededor de él."* (Éx. 32:25, 26)

> *"Entonces el Señor le dijo a Moisés: "Llama a los de la tribu de Leví, que pasen adelante y preséntalos al sacerdote Aarón para que sean sus ayudantes. Servirán a Aarón y a toda la comunidad en el desempeño de sus deberes sagrados dentro y alrededor del tabernáculo. [...] "Mira, yo he escogido de entre los israelitas a los levitas para que sirvan como sustitutos de todo primer hijo varón del pueblo de Israel. Los levitas me pertenecen a mí porque todos los primeros hijos varones son míos. El día que herí de muerte al primer hijo varón de cada familia egipcia, aparté para mí a todo primer nacido de Israel, tanto de personas como de animales. Ellos son míos. Yo soy el Señor."* (Núm. 3:5-7, 11-13)

Dios mismo designa a los levitas para que ministren en el santuario como premio a su fidelidad, y los llama "suyos."

Con frecuencia nos preguntamos cuál es el modelo que la iglesia adventista debería seguir para ofrecer una adoración verdadera, efectiva y relevante en el siglo que nos toca vivir. El modelo levita que encontramos en la Palabra de Dios es una excelente referencia de la que podemos extraer principios divinos que iluminarán el ministerio de música que la iglesia adventista contemporánea necesita hoy.

Principios del ministerio levita

1. La fidelidad a Dios es un requisito

El pueblo de Israel era un pueblo musical. Desde que cruzaron el Mar Rojo, cantaron y danzaron delante de su Dios en expresión de adoración. ¿Escoge Dios a los levitas porque son la tribu que tiene más talento musical? ¿Son los que mejor cantan y los que tocan instrumentos con más destreza? No es lo que el texto bíblico dice. La Palabra de Dios dice que los levitas fueron escogidos porque, cuando el pueblo se fue tras la idolatría y la adoración falsa, ellos se mantuvieron fieles a Dios.

Lo que califica a los levitas para ser llamados por Dios es su madurez espiritual, su fidelidad inquebrantable, su disposición a mantenerse de parte del Dios verdadero. Por eso son llamados a liderar la adoración en el santuario.

Ellen White escribe que "la mayor necesidad del mundo es la de hombres que no se vendan ni se compren; hombres que sean sinceros y honrados en lo más íntimo de sus almas; hombres que no teman dar al pecado el nombre que le corresponde; hombres cuya conciencia sea tan leal al deber como la brújula al polo; hombres que se mantengan de parte de la justicia aunque se desplomen los cielos."[172]

Estoy convencida de que el centro del debate sobre música y adoración en el contexto del cristianismo no es tanto un problema técnico-musical como un problema espiritual. Necesitamos desesperadamente líderes fieles en el ministerio musical. Levitas consagrados que deseen exaltar el carácter santo de Jesús en la adoración. Y para liderar la adoración congregacional necesitamos el bautismo diario del Espíritu Santo, la entrega completa de nuestros talentos a Dios, para que Él los convierta en dones

---

[172] Ellen White, *La Educación*, 57.

espirituales que edifiquen a la iglesia. La fidelidad a Dios, como dice Jesús, se muestra en las cosas pequeñas de la vida.[173] Sólo cuando la fidelidad a Dios sea la señal distintiva de nuestro ministerio musical, seremos verdaderos levitas contemporáneos.

2. La educación musical es un requisito

"Todos estos hombres estaban bajo la dirección de su padre mientras tocaban música en la casa del Señor. Entre sus responsabilidades estaba tocar címbalos, arpas y liras en la casa de Dios. Asaf, Jedutún y Hemán dependían directamente del rey. Todos ellos junto con sus familias estaban capacitados para tocar música delante del Señor, y todos — doscientos ochenta y ocho en total — eran músicos por excelencia." (1 Crón. 25:6-8)

Sobre este punto Doukhan observa:

A veces se asume que ser llenos del Espíritu Santo es la condición esencial, o incluso la única condición, para hacer música delante del Señor. Si bien es ciertamente una cualidad esencial, no es la única. Como los textos bíblicos demuestran, el Espíritu de Dios es el punto de partida que prepara la escena y reafirma la fidelidad del músico, apartándole para la tarea. Este es, sin embargo, sólo el comienzo. El próximo paso es desarrollar el talento que Dios nos ha dado conviertiéndolo en destreza, habilidad y conocimiento de la profesión. Esto significa, entonces, que cantar o tocar para el Señor presupone el Espíritu y el talento, el entrenamiento, la preparación y también la organización.[174]

Así como la madurez espiritual y fidelidad de los levitas fue una condición indispensable para ser llamados, el entrenamiento y la práctica también fueron necesarias para que desarrollaran el ministerio al que habían sido llamados.

---

[173] "El amo dijo: "Bien hecho, mi buen siervo fiel. Has sido fiel en administrar esta pequeña cantidad, así que ahora te daré muchas más responsabilidades. ¡Ven a celebrar conmigo!" (Mat. 25:23)
[174] Doukhan, *In Tune with God*, 100-101.

El arte musical requiere muchas horas de práctica, esfuerzo, disciplina y determinación. No se aprende a tocar un instrumento de la noche a la mañana. Lleva años de práctica. Lo mismo sucede con la técnica vocal, la dirección coral, la composición, la dirección orquestal, etc.

Hace poco leí que, después de un concierto de un pianista formidable, un admirador le dijo al pianista: "Daría la mitad de mi vida por tocar como usted," a lo que el pianista le respondió: "Pues eso es exactamente lo que he hecho." Si bien no todos los músicos somos llamados a ser concertistas, todos somos llamados a ser excelentes músicos, en el área en que nos desarrollemos.

Así como los que imparten la Palabra de Dios en la predicación y el evangelismo estudian el arte de la homilética y la oratoria para comunicar el mensaje con dicción clara y estructuración correcta, los músicos somos llamados a comunicar el mensaje musical con habilidad y dominio de la técnica.

3. Ser levita requiere tiempo de entrenamiento

"El Señor le dio otras instrucciones a Moisés: "Los levitas seguirán esta regla: empezarán su servicio en el tabernáculo a la edad de veinticinco años y se jubilarán a los cincuenta años." (Núm. 8:23)

"David convocó a todos los líderes de Israel, junto con los sacerdotes y los levitas. Contaron a todos los levitas de treinta años o más y el total sumó treinta y ocho mil." (1 Crón. 23:3)

"Estos fueron los descendientes de Leví por clanes, los jefes de los grupos de familia, registrados cuidadosamente por nombre. Cada uno debía tener veinte años o más para tener el derecho de servir en la casa del Señor. Pues David dijo: "El Señor, Dios de Israel, nos ha dado paz, y él vivirá siempre en Jerusalén. Ahora los levitas no tendrán que transportar el tabernáculo y su mobiliario de un lugar a otro." De acuerdo con las últimas instrucciones de David, todos los

levitas de veinte años o más fueron registrados para servir." (1 Crón. 23:24-27)

No sabemos con exactitud a qué edad los niños levitas se convertían en estudiantes o discípulos, pero la Biblia indica que los levitas adultos eran los maestros de los niños (1 Crón. 25:6-8), y que éstos no comenzaban su ministerio hasta los veinte, veinticinco o treinta años.[175]

Respecto al capítulo de 1 Crón. 23, en el que se nombran dos edades diferentes (treinta años en el versículo 3 y veinte años en el versículo 27), el comentario bíblico *Nelson Study Bible* explica:

> Al principio de las listas de divisiones la edad mínima de los levitas era treinta años (1 Crón. 23:3) El número veinte en aquí no es una contradicción, porque el versículo 27 deja claro, la edad mínima fue estipulada por David en sus últimas palabras. Pareciera que con el paso del tiempo incluso treinta y ocho mil levitas no fueron suficientes, así que en aproximadamente dos años fue necesario bajar la edad mínima requerida. Esta afirmación hace de David casi un segundo Moisés, en el sentido que él se sintió libre de cambiar una legislación mosaica sin ser reprobado o desafiado.[176]

Los maestros levitas enseñaban a sus alumnos el arte de cantar, de construir instrumentos musicales y de interpretarlos con habilidad; el arte de componer poesía y música religiosa y el arte de la dirección coral y orquestal. Pero mucho más que música, los maestros levitas enseñaban los principios y la práctica de la verdadera adoración a Dios.

Estudiando la Biblia descubrimos que en el ministerio levita la música no es el centro ni el objetivo; la música es

---

[175] Núm. 8:23, 1 Crón. 23:3 y 1 Crón. 23:24 nombran cifras diferentes respecto a la edad mínima requerida para que un levita pudiera comenzar a ejercer el ministerio.

[176] Earl D. Radmacher, *The Nelson Study Bible* (Nashville, TN: Thomas Nelson Publishers, 1997), 698,699.

sólo un lenguaje para comunicar el verdadero centro y objetivo de la adoración: Jesús, el Cordero de Dios que quita el pecado del mundo.

4. El centro del ministerio musical levita

"El trabajo de los levitas consistía en ayudar a los sacerdotes, los descendientes de Aarón, mientras servían en la casa del Señor. También se ocupaban de cuidar los atrios y los cuartos laterales, ayudaban en las ceremonias de purificación y servían de muchas otras maneras en la casa de Dios. Estaban a cargo del pan sagrado que se colocaba sobre la mesa, de la harina selecta para las ofrendas de grano, de las obleas preparadas sin levadura, de los panes cocidos en aceite de oliva y de los demás panes. También eran responsables de verificar todas las pesas y medidas. Además, cada mañana y cada tarde se presentaban delante del Señor para entonarle canciones de agradecimiento y alabanza. Ayudaban con las ofrendas quemadas que se presentaban al Señor cada día de descanso, en las celebraciones de luna nueva y en los demás festivales establecidos. Un número requerido de levitas servía en la presencia del Señor siempre, siguiendo los procedimientos que se les había indicado.

Por lo tanto, bajo la supervisión de los sacerdotes, los levitas vigilaban el tabernáculo y el templo, y llevaban a cabo con fidelidad sus responsabilidades de servicio en la casa del Señor." (1 Crón. 23:28-32)

Los levitas no eran *divos* que monopolizaran el escenario, ni artistas enfocados en su propio arte. Eran siervos líderes cuya tarea era ministrar al pueblo, sirviendo con humildad.

Enseñaban al pueblo a aprender la ley de Dios a través de los cantos sagrados. Ellos eran los responsables de crear una atmósfera apropiada para que los sacrificios fueran embellecidos a través de la música.[177]

---

[177] Doukhan, en *In Tune with God*, 108 señala: "La Mishnah relata cómo los sacerdotes fueron acompañados en las tareas litúrgicas por los músicos

En 2 Crón. 5, la Palabra de Dios narra el traslado del arca al templo de Salomón. En la descripción hay un detalle que vale destacar:

> *"Los levitas que eran músicos — Asaf, Hemán, Jedutún y todos sus hijos y hermanos — vestidos de mantos de lino fino, estaban de pie en el lado oriental del altar y tocaban címbalos, liras y arpas. A ellos se les unieron ciento veinte sacerdotes que tocaban trompetas. Los trompetistas y los cantores se unieron para alabar y dar gracias al Señor. Al son de trompetas, címbalos y otros instrumentos, elevaron sus voces y alabaron al Señor con las siguientes palabras: "¡Él es bueno! ¡Su fiel amor perdura para siempre!"* (2 Crón. 5:12-13)

Los levitas músicos no eran el centro visual del acto de adoración. Ellos estaban "en el lado oriental del altar." El centro visual era el altar, donde se producía el sacrificio. La música se interpretaba a un costado del altar y simplemente embellecía el evento, exaltando su solemnidad.

El plan de salvación que Dios diseñó está centrado en Jesús, el Cordero de Dios que vino a dar su vida por nosotros. Mientras los sacerdotes y los levitas encargados de los sacrificios ministraban, los levitas encargados de la música creaban una atmósfera que exaltara el sacrificio que simbolizaba la muerte del Hijo de Dios.

Los levitas contemporáneos estamos llamados a exaltar a Jesús. La música no salva ni pierde a nadie. El único que tiene poder para salvar es Jesús, porque "¡en ningún otro hay salvación! Dios no ha dado ningún otro nombre bajo el

---

levitas, que cantaban y tocaban sus instrumentos, mientras los adoradores, reunidos en la corte de los israelitas, estaban postrados en oración. De la misma forma que Dios había planificado embellecer la difícil experiencia de aprender la ley, Él había hecho provisión para que los sacrificios - en sí un acto físico repulsivo - fueran embellecidos por las ofrendas musicales. La música no era concebida para ser escuchada como una experiencia estética per se. Su propósito era prestar belleza al acto de adoración, hacerlo distintivo. elevarlo sobre lo ordinario y diferenciar su carácter particular."

cielo, mediante el cual podamos ser salvos" (Hec. 4:12). La música no puede ser el centro del mensaje de salvación, porque no tiene poder para salvar. Los músicos, los instrumentos y los estilos musicales, son solamente medios para transmitir el mensaje de la salvación en Jesús. Nunca deben ser el centro. El centro debe ser Jesús.

No nos pongamos "en medio" de Dios y su pueblo. No dejemos que la atención se centre en nosotros — nuestra técnica musical, nuestra vestimenta, nuestros gestos, nuestro despliegue de recursos. Matengamos el centro de la adoración en Jesús.

Los levitas contemporáneos estamos llamados a exaltar a Jesús: la belleza y santidad de su carácter, su perdón y su gracia, su amor infinito por nosotros, su sacrificio en la cruz.

Cuando nuestra música exalta a Jesús se produce un poder inmenso en la adoración. He tenido el privilegio de experimentar este poder en muchos servicios de adoración adventistas liderados por músicos consagrados, en cuya vida uno puede encontrar la humildad y sencillez de Jesús. Músicos que mueren cada día al yo y a la ambición personal para dejarse guiar por el Espíritu Santo. Músicos que, en sus canciones, su voz y su forma de tocar los instrumentos nos muestran el carácter de Cristo.

5. Repertorio antiguo y contemporáneo

¿Qué cantaban los levitas? La Palabra de Dios recoge cantos antiguos, compuestos por Moisés, que se cantaban en diferentes festividades del Pueblo de Israel, y también cantos contemporáneos compuestos por David, Asaf, Coré y otros levitas.

En *Historia de los Patriarcas y Profetas*, Ellen White escribe, en referencia al repertorio usado en las escuelas de los profetas:

Las asignaturas principales de estudio en estas escuelas eran la ley de Dios, con las instrucciones dadas a Moisés, la historia sagrada, la música sagrada y la poesía. [...] Se fomentaba un espíritu de devoción. No solamente se les decía a los estudiantes que debían orar, sino que se les enseñaba a orar, relacionarse con su Creador, a ejercer fe en él, a comprender y obedecer las enseñanzas de su Espíritu. Intelectos santificados sacaban del tesoro de Dios cosas nuevas y viejas, y el Espíritu de Dios se manifestaba en profecías y cantos sagrados. Se empleaba la música con un propósito santo, para elevar los pensamientos hacia aquello que es puro, noble y enaltecedor, y para despertar en el alma la devoción y la gratitud hacia Dios.[178]

Ya en la escuela de los profetas, existía una combinación de repertorio antiguo y nuevo. ¡Qué ejemplo e inspiración para seguir en nuestras congregaciones hoy!

A propósito de esta combinación de lo viejo y lo nuevo, Doukhan señala:

El cambio y la renovación en música son una parte del vívido viaje religioso. Ellos son testigos del carácter dinámico de la iglesia, ya que expresan un movimiento que avanza, una experiencia en progreso. Es esencial, sin embargo, mantener lo antiguo, como la Bilia nos enseña — los himnos del pasado, la forma que la música se hacía en el pasado, y las experiencias de aquellos que vinieron antes de nosotros.[179]

Parte del ministerio levita consistía en enseñar canciones antiguas y componer canciones nuevas. Este aspecto del ministerio musical es muy necesario hoy: lograr una combinación equilibrada de himnos antiguos, aquellos que forman parte de nuestra herencia cristiana, e himnos contemporáneos, que sean relevantes para las generaciones de hoy.

---

[178] Ellen White, *Historia de los Patriarcas y los Profetas*, 557-8.
[179] Doukhan, *In Tune with God*, 104.

El documento oficial de la iglesia adventista del séptimo día respecto a la filosofía adventista de la música concluye con las siguientes palabras:

> Hacer música adventista del séptimo día significa escoger lo mejor y por encima de todo acercarnos a nuestro creador y Señor y glorificarlo. Levantemos el desafío de una visión musical alternativa y viable, como parte de nuestro mensaje holístico y profético, hagamos una contribución musical adventista única como un testimonio al mundo que tenga en cuenta a las personas que esperan la pronta venida de Cristo.

Ser un levita contemporáneo significa ser creativo. Aceptar el desafío de hacer música contemporánea para un Dios que no cambia, desde un lenguaje musical que sí cambia. Usar las herramientas de la tecnología, el lenguaje musical, la orquestación, la poesía religiosa, para componer, arreglar y orquestar música adventista de calidad.

Ser un levita contemporáneo significa también ser respetuoso del legado del pasado; continuar interpretando los grandes himnos y cantos que son parte de nuestra herencia.

La combinación de estos dos repertorios — el antiguo y el nuevo — caracterizarán, en buena medida, el éxito del ministerio musical en las iglesias locales.

6. Dedicación a tiempo completo

"El Señor le dijo a Aarón: "Ustedes, los sacerdotes, no recibirán ninguna asignación de tierra ni porción de terreno entre el pueblo de Israel. Yo soy tu porción y tu asignación. En cuanto a la tribu de Leví, tus parientes, los recompensaré por su servicio en el tabernáculo. En lugar de una asignación de tierra, les daré los diezmos de toda la tierra de Israel. [...] Únicamente los levitas podrán servir en el tabernáculo y serán los responsables de toda ofensa cometida contra el tabernáculo. Esta es una ley perpetua para ustedes, y tendrá que cumplirse de generación en generación. Los levitas no recibirán ninguna asignación de tierra entre los israelitas,

porque yo les he dado los diezmos del pueblo de Israel, que han sido entregados como ofrendas sagradas al Señor. Esta será la porción de los levitas." (Núm. 18:21, 23-24)

La Palabra de Dios es clara con respecto a cómo se sostenía el ministerio levita, incluido el ministerio de la música. Ellos eran profesionales de la música dedicados tiempo completo al servicio de Dios.

La época dorada de la música religiosa en Israel ocurrió durante el reinado de David, un líder y artista que amaba la música e hizo un gran esfuerzo por organizar y optimizar el servicio musical litúrgico y no litúrgico. El resultado fue proporcional a la inversión de recursos y personal.

Un profesor de música que tuve en la universidad me dijo una verdad que nunca olvidaré: "Trata bien a la música, pero trata mejor a los músicos." Después de todo, la música — en el contexto de adoración congregacional — es interpretada por las personas, para conectar con Dios y con las personas. La música y los músicos necesitan respeto y consideración, si deseamos que el ministerio sea efectivo.

Si consideramos la música como un relleno "mientras empieza el culto", entonces obtendremos exactamente eso: música de relleno, chapucera e improvisada.

Si, por el contrario, consideramos la música como uno de los tres pilares de la adoración — junto con la oración y el estudio de la Palabra de Dios — entonces la música será uno de los momentos más sublimes del servicio de adoración. Conectará las mentes de los adoradores con el corazón de Dios, dándoles una voz y un espacio para expresar su agradecimiento y alabanza al Salvador. Creará momentos de reverencia, alegría y esperanza. Motivará a las personas a volver a la casa de Dios para adorar la semana siguiente.

Muchas denominaciones cristianas han entendido ésto hace tiempo, y siguen el modelo bíblico del ministerio musical de los levitas.

He tenido el privilegio de participar de la adoración en congregaciones adventistas donde el ministro o ministra de música son contratados a tiempo completo o parcial, y reciben su salario como cualquier pastor o ministro del evangelio.

La Iglesia Adventista del Séptimo Día, en general, no ha considerado como esencial la función del músico de iglesia. Con pocas excepciones para las grandes iglesias, los músicos típicamente no son parte del personal pastoral y ofrecen sus servicios de forma voluntaria. Con la necesidad creciente de liderazgo en nuestra iglesia hoy, contratar músicos entrenados como ministros de música proveería liderazgo y la posibilidad de formar otros músicos, así como aliviar los problemas que se encuentran en tantas iglesias.[180]

Hay Uniones en ciertas Divisiones de la Iglesia Adventista que ya están contratando ministros de música a nivel de Asociaciones, Conferencias e iglesias locales. Sobre todo en Brasil, Alemania, Colombia, México, Venezuela, España y Estados Unidos de América. Estos ministerios tienen una gran repercusión no sólo motivando a una adoración congregacional bíblica, en Espíritu y en verdad, sino también uniendo las diferentes generaciones y culturas de la iglesia a través de la música, motivando a los jóvenes a involucrarse en proyectos misioneros, atrayendo a la gente a Jesús, creando nuevos músicos y líderes de adoración, etc.

Conclusión

Cuando Jesús habló sobre adoración, junto al pozo de Jacob, le dijo a la mujer samaritana que "el Padre está

---

[180] Doukhan, *In Tune with God*, 90.

buscando adoradores que le adoren en Espíritu y en verdad" (Juan 4:23).

El Padre sigue buscando adoradores hoy, hombres y mujeres que sean fieles a Dios como la brújula al polo como fueron los levitas en el tiempo de Moisés.

El Padre sigue buscando levitas contemporáneos "expertos" que practiquen con disciplina y determinación, que busquen y alcancen la excelencia en el arte de la música, para adorarlo como solamente Él merece.

El Padre sigue buscando hombres y mujeres que desarrollen el ministerio de la música con el espíritu de servicio y liderazgo que demostró Jesús, quien "aunque era Dios, no consideró que el ser igual a Dios fuera algo a lo cual aferrarse. En cambio, renunció a sus privilegios divinos y adoptó la humilde posición de un esclavo" (Fil. 2:6, 7).

El Padre sigue buscando levitas que centren su música y su adoración en la persona de Jesús: el verdadero objeto y propósito de la adoración. Hombres y mujeres que se despojen de su orgullo y su ambición personal y sean llenos del Espíritu Santo, haciendo de la adoración un estilo de vida.

El Padre sigue buscando levitas contemporáneos que no le tengan miedo al cambio, sino que lo canalicen y lideren con un espíritu creativo y positivo. Levitas que integren y combinen los grandes himnos del pasado con las canciones contemporáneas relevantes a las generaciones actuales. Levitas que entiendan que Dios no cambia, pero el lenguaje musical sí.

El Padre sigue buscando hombres y mujeres que tomen la adoración con seriedad y responsabilidad. Líderes que tengan una visión clara respecto al poder y la influencia de la música y el enorme beneficio que resulta de un ministerio musical levita: inteligente, organizado y planificado con sabiduría divina.

CAPÍTULO 8

HISTORIA DE CUATRO CANCIONES

Hasta aquí hemos reflexionado juntos sobre la música a la luz de la Palabra de Dios, los escritos de Ellen White, la historia de la música y la información extraída de campos de la ciencia y del arte. Sin embargo, este capítulo es diferente a los demás. En él quisiera compartir mi testimonio personal como profesora de música, y específicamente como compositora adventista.

Recorriendo durante más de veinte años iglesias adventistas de diferentes países, he conocido muchas personas con talentos musicales que no han encontrado la motivación, la oportunidad o el espacio para desarrollar sus talentos en la iglesia.

En este capítulo me quiero dirigir especialmente a ellos. Ojalá mi experiencia como compositora adventista pueda ser de motivación e inspiración.

En primer lugar, quisiera decir que para desarrollar los talentos musicales que Dios nos ha dado, hay ciertos mitos que necesitamos derribar:

Mito #1: *"No hay más música nueva por hacer."*

La Biblia está llena de cantos nuevos, compuestos por personas que experimentaron el amor y el poder de Dios en sus vidas. La misma Palabra de Dios nos invita a "cantar un nuevo canto" (Sal. 149:1) para expresar a Dios lo que es y hace en nuestras vidas y para bendecir a otras personas con nuestro testimonio hecho música. Tu experiencia con Dios es única, así como tu forma de expresarla. Si Dios ha puesto en tu corazón el talento de expresar tu experiencia con Él a través de la música, no dejes que nada ni nadie apague el llamado del Espíritu Santo en tu vida. ¡Escribe música nueva para Dios!

Mito #2: *"Los grandes compositores son cosa del pasado."*

El Espíritu Santo sigue inspirando hoy, al igual que inspiró en el pasado. A menudo escucho el argumento de que la música contemporánea es mala y la música antigua es buena. Este razonamiento no tiene fundamentación en la Palabra de Dios. ¡La música que escribieron Moisés, Miriam, David, María, etc. fue contemporánea en su tiempo! La música que le agrada a Dios no tiene que ver con la fecha en que fue escrita o los siglos que lleva cantándose; la música que le agrada a Dios es la que brota de un corazón entregado a Él. ¡Escribe música contemporánea para Dios!

Mito #3: *"No tengo suficiente talento."*

La música es una disciplina muy expuesta, que se presta a la comparación y la competencia. Si comparas tus talentos musicales con los de otros, siempre encontrarás músicos mejores y peores que tú. ¿Qué dice Dios sobre comparar nuestros talentos con los de los demás? En la parábola de los talentos Jesús nos enseña que lo importante es qué hacemos con los talentos que Dios nos ha dado, ya sea uno, dos, cinco o diez. Si en lugar de invertir nuestras energías en desarrollar los talentos las invertimos comparándolos con los demás, es posible que acabemos como el personaje de la parábola: el miedo lo paralizó, y decidió esconder su talento. Si decidimos poner a trabajar los talentos que Dios nos ha dado, Dios se encarga de multiplicarlos. Es una promesa. ¡Sólo hay que creerla!

J. S. Bach fue uno de los compositores más prolíficos de todos los tiempos. Escribió más de dos mil obras musicales. El Padre de la música — como lo denominan muchos — al final de sus días, cuando le preguntaron cuál era su secreto para componer de esa forma, contestó: "Trabajo mucho. Ese es mi secreto. El que trabaje tanto como yo, alcanzará los mismos resultados." Pablo Picasso, el gran artista catalán, refiriéndose a la proporción que existía entre la inspiración y la transpiración en el proceso creativo, dijo: "La inspiración existe, pero tiene que encontrarte trabajando."

Hacer música de calidad lleva mucho trabajo, tiempo y preparación. No basta con tener una idea musical para concebir una pieza musical. Es necesario estructurar la idea, armonizarla, componer la letra (en el caso de una canción), orquestarla, etc. Doy clases de composición en la universidad y a menudo mis estudiantes se quedan estancados en algún punto del proceso compositivo. Cuando eso sucede, siempre les aconsejo escuchar música de calidad, compuesta por autores cuyo estilo sea similar al de la obra que están escribiendo. Escuchar activamente siempre abre nuevas ventanas a la creatividad, nos nutre de ideas, y si podemos escuchar siguiendo la partitura, mucho mejor. A veces nos damos por vencidos o nos rendimos porque la idea "no sale." Para que salga, necesitamos dedicarles tiempo a estas ideas, flitrándolas, comparándolas, empezando de cero una y otra vez, hasta darle forma a la expresión que realmente deseamos crear.

Cuando quiero componer una obra para Dios, mi familia ya sabe que necesito encerrarme. Es bueno trabajar en un sitio donde uno se pueda encontrar con Dios en la soledad, sin interrupción ni agenda. A veces el ayuno es un buen recurso para obtener más claridad de ideas y enfocarnos en lo que Dios quiere decirnos. Una canción es una oración. Refleja nuestra intimidad con Dios, nuestra cercanía y amistad con el creativo supremo. Como actividad espiritual — sea el compositor religioso o no — la composición es un acto del alma, que necesita cierta tranquilidad y paz. La chispa de la idea musical a veces surge en medio de la actividad: mientras conduces un automóvil, viajando en un tren o incluso en medio de una conversación, pero el desarrollo de esa idea usualmente necesita un ambiente relajado y tranquilo para gestarse.

Si tienes talento musical y deseas componer canciones para Dios — o mejorar tu técnica de composición — te desafío a que te hagas un plan de trabajo:

1. Comienza a trabajar con una fecha límite para terminar la obra. Si no lo haces, puedes estar años con una idea deambulando por tu mente y no acabarla nunca. Házte un horario para componer, y respétalo

2. Lee poesía religiosa, letras de calidad que te motiven a buscar metáforas, palabras que escapen de la rima fácil y que usen el lenguaje de forma más artística y creativa. Personalmente, las paráfrasis o versiones actuales de los Salmos de la Biblia son siempre un buen punto de referencia. Analizar las letras de las canciones o poesías que conectan mejor con tu forma de expresarte es otro buen recurso, del que siempre se aprende. Huye de las frases gastadas, de los acentos de las palabras que no rimen con los acentos de la frase musical y de las rimas fáciles.

3. Si no tienes formación académica, te motivo a que te apuntes a alguna clase de composición, teoría de la música o iniciación al lenguaje musical. Estar familiarizado con el lenguaje de la música, las leyes de la armonía, la progresión armónica, etc. siempre enriquecerá tu lenguaje compositivo.

A continuación, me gustaría compartir contigo la historia de la composición de tres canciones religiosas que escribí. ¡Espero que te puedan servir de inspiración!

Alza Tu Mirada

Hace algunos años tuve una conversación con una amiga muy querida que estaba pasando por un problema fuerte y se encontraba desbordada por la ansiedad y la tristeza. Estaba tan centrada en sus problemas y en su incapacidad para resolverlos, que le costaba ver a Dios en el medio de su tormenta particular.

Después de conversar un rato largo, sentí que no estaba conectando con el corazón de mi amiga. Por más sincera que yo estuviera siendo, mis palabras le sonaban a "la respuesta correcta." Después de intentar animarla y ver que no lo conseguía, nos despedimos con una oración y me fui. De camino a casa comencé a hablar con Dios. Le pregunté cómo podía ayudar a mi amiga, qué podía decirle para sacarla del pozo.

Las palabras de Jesús en el Sermón del Monte me enseñan algo cada vez que las leo, así que busqué en Mateo y mis ojos se detuvieron en el capítulo 6, versículos 26 y 27: "Miren los pájaros. No plantan ni cosechan ni guardan comida en graneros, porque el Padre celestial los alimenta. ¿Y no son ustedes para Él mucho más valiosos que ellos? ¿Acaso con todas sus preocupaciones pueden añadir un solo momento a su vida?"

Mientras leía esas palabras, una melodía vino a mi mente. Intenté expresar lo que acababa de leer y salió: "Mira las pequeñas aves, vuelan al calor del sol y ni una de ellas sabe si habrá mañana o no..." Le agradecí a Dios por su respuesta inmediata. Busqué mi guitarra y empecé a componer. En menos de media hora la canción estaba terminada.

Al día siguiente regresé a casa de mi amiga y le canté la canción. Ella se quebró al escucharla, y me dijo que le había conmovido profundamente, que pudo reconocer la voz de Dios hablándole.

La música llega donde las palabras no pueden llegar.

Lo más fascinante de escribir canciones cristianas es que nunca sabes qué alcance tendrá esa canción, hasta dónde Dios la llevará. El Padre siembra en nosotros una idea musical. Nosotros, conscientes de que "todo lo bueno viene de lo alto", en humildad y con oración escribimos, traduciendo en notas musicales y palabras lo que el Espíritu Santo nos va inspirando. Luego, Él se encarga de sembrar esas oraciones cantadas en los corazones de la gente que las necesita.

Esta canción que escribí para mi amiga se titula Alza Tu Mirada. Fue grabada por mi amiga del alma y cantante adventista española María José Jimeno, en su CD Tu Promesa. El CD ya llevaba dos años distribuyéndose en diferentes partes del mundo cuando recibí una llamada de una amiga en Argentina. Ella había visitado a una compañera que esaba pasando por una depresión severa. Llevaba semanas en cama, sin salir de su habitación. Uno de los síntomas del que sufre una depresión aguda es que no quiere ver la luz, prefiere estar a oscuras. Mi amiga le regaló el CD y le recomendó que escuchara las canciones reflexionando en la letra.

Cuando su compañera escuchó la canción *Alza Tu Mirada*, sintió que Dios le estaba hablando. La escuchó varias veces, hasta que se aprendió la letra y comenzó a cantarla. Entonces decidió abrir las ventanas. Dejó que entrara la luz en su habitación y en su alma. Levantó su mirada al cielo.

Esta mujer es psicóloga y había cerrado la consulta debido a su enfermedad. Cuando se recuperó totalmente y volvió a abrir su consulta, decidió recetar a sus pacientes con depresión, como parte de la terapia, escuchar *Alza Tu Mirada*.

En Prov. 17:22, Salomón escribe: "El corazón alegre es una buena medicina, pero el espíritu quebrantado consume las fuerzas." La música es alegría para el corazón. Trae a nuestra vida esperanza, luz y un trocito de la atmósfera del cielo.

Sigamos plantando pedacitos de cielo aquí en la tierra, a través de la música. Hay mucha gente que lo necesita.

Alza Tu Mirada

Si en tus ojos duermen penas
Que no saben despertar
Si hay heridas que no cierran
Cuando miras hacia atrás
Si el tibio recuerdo de tus sueños
Se esfuma poco a poco
En el espejo de la rutina gris
Del ansia de escapar y ser feliz

Alza tu mirada al cielo
Y encontrarás la fuerza que te ayudará a seguir
No permitas nunca que el miedo y la soledad
Te quiten la alegría de saber que es tu Padre
El que está cuidando de ti

Mira las pequeñas aves
Vuelan desafiando al sol
Y ninguna de ellas sabe

Si habrá mañana o no
Pero en el corazón del Padre
Caben hasta las pequeñas aves
Y cabe tu ansiedad
Tus miedos y tus ganas de cambiar

Alza tu mirada al cielo
Y encontrarás la cálida mirada de su amor
No permitas nunca que el miedo y la soledad
Te quiten la alegría de saber que es tu Padre
El que está cuidando de ti

Volviendo

Cuando tenía quince años comencé a componer canciones para Dios. Al principio me sentía tan insegura y tenía tanto miedo de hacerlo mal, que ni siquiera escribía mi nombre en la partitura. A los dieciocho dirigí el coro universitario del Colegio Adventista del Plata, en Argentina. Cuando les llevaba la partitura de una canción nueva que yo había compuesto, no estaba mi nombre en la partitura, y cuando los integrantes del coro me preguntaban quién había escrito la canción, yo respondía que no lo sabía. Me daba demasiada vergüenza. Poco a poco, al notar que al coro le gustaban las canciones, fui ganando más confianza, pero cada vez que tenía una idea musical y empezaba a escribir una canción, una guerra empezaba en mi mente.

A los diecinueve años viajé a España, donde trabajé de servicio voluntario en el departamento de música del Colegio Adventista de Sagunto. Allí comencé a dirigir y a componer canciones para un grupo vocal llamado *Amanecer*. Después de trabajar con *Amanecer* durante cinco años, decidimos grabar un album CD. Estuvimos cinco meses grabando por las noches, después de largos días de trabajo, y la co-directora y yo utilizamos nuestras vacaciones para mezclar y ultimar detalles de los arreglos instrumentales.

Era nuestra primera experiencia en un estudio profesional, y todo nos tomaba mucho tiempo, así que acabamos exhaustas. Un sponsor nos prestó el dinero para cubrir todos los gastos del proyecto. Los que habéis grabado un album CD sabéis que es un proyecto muy costoso.

El día que fui a recoger el *master* para hacer las copias, me pidieron el dinero primero. Cuando lo entregué, el director del estudio me dijo que volviera al día siguiente, ya que tenían que grabar el *master* otra vez porque había habido un problema técnico. Al día siguiente regresé al estudio y lo encontré cerrado. En la puerta había un prescinto policial. Pregunté a los vecinos qué había pasado, pero nadie sabía nada. Finalmente, la policía me dijo que el dueño estaba en proceso de búsqueda y captura, pero que de momento no tenían noticias de su paradero.

El CD, nuestro esfuerzo y nuestro dinero se habían esfumado de repente. ¡Tanto trabajo para nada! Recuerdo conducir de regreso a casa en medio de lágrimas y una enorme frustración. "Señor — me quejé — tú me dijiste que querías que te sirviera a través de la música, me dijiste que hiciera de ella mi vocación y mi ministerio. Te he compuesto canciones, te he dedicado este proyecto, tú sabes el trabajo y el esfuerzo que hemos puesto en este CD. ¿Por qué has permitido que sucediera esto? ¿Qué le digo ahora al sponsor? ¿Qué le digo al grupo?"

Hablando con Dios descubrí que, en el fondo de mi corazón, yo no estaba totalmente segura de que Dios aprobara mi música.

Quizás porque a los dieciseis años un profesor de música, al escuchar una canción que yo estaba componiendo, me dijo que a Dios no le agradaba esa música, porque usaba ritmos mundanos, síncopa y letra antropocéntrica. Después de eso dejé de componer por un tiempo, confundida. Sentía un gran respeto por mi profesor, un músico adventista que era una referencia en la iglesia. Yo sólo era una adolescente insegura que deseaba hacer música para Dios, pero no sabía cómo.

Dios seguía inspirando melodías y yo quería escribirlas y cantarlas, pero tenía miedo de hacerlo mal. A los veinte años, cuando acepté el llamado de Dios para dedicarme al ministerio de la música, le prometí a Dios hacer lo mejor que estuviera de mi parte para adorarlo en Espíritu y verdad.

Habían pasado cinco años desde entonces, y yo había escrito varias canciones, pero muy en el fondo de mi corazón todavía albergaba el miedo de no estar haciendo algo que Dios aceptara totalmente.

Ese miedo no sólo lo sentía con la música. Envolvía y teñía de gris toda mi vida cristiana. Tenía miedo de no ser salva, miedo de no ser suficientemente buena, miedo de fallarle a Dios y cargaba con ese miedo a pesar de orar y leer mi Biblia cada día.

La experiencia del CD sacó a flote algo que, tarde o temprano, necesitaba arreglar con Dios. Durante varios días luché con Él; por la mañana me iba al monte, sola, para encontrarme con el Señor. Lo busqué desesperadamente. Le pedí que quitara el miedo de mi vida y me ayudara a vivir la alegría de ser su hija.

En una de esas mañanas, mientras vaciaba mi corazón ante Dios, el milagro ocurrió. Experimenté su presencia envolviendo mi vida y llenándola de su amor y su completa paz. Por fin pude relajarme en los brazos de aquel que ya había pagado mi deuda. Entendí que sólo debía soltar las riendas de mi vida y dejarme conducir por Dios. En mi mente se dibujó la escena del hijo pródigo volviendo a casa, adonde realmente pertenecía. El Padre viniendo a su encuentro. Y mientras le decía a Dios que quería permanecer en ese momento siempre, empecé a escuchar una melodía. Después de un rato, bajé a mi casa, me senté frente al piano y salió *Volviendo*.

Volviendo

A veces me confundo
Y creo que sé vivir sin ti
Y aunque falte algo dentro
Puedo resistir
A la luz de tu mirada
Al calor de tu llamada
En cada esquina de mi alma.

Y cuando estoy tan lejos
Tan vacía de sentido
Comprendo que fui hecha
Sólo para estar contigo
Que tu amor es mi alimento
Que a pesar de mis errores
Tú has venido a mi encuentro

Hoy estoy volviendo
Y quisiera que esto fuera para siempre
Tú sabes cuánto duele no lograr permanecer
Ayúdame a ser agua de tu manantial
Para no dejarte nunca más, Jesús

Espero aquel momento
En que no tenga que luchar
Para estar contigo
Y disfrutar de tu amistad
Cuando ya no sea fácil
Abrirse camino solo
Y olvidarte de algún modo

Y cuando estoy tan lejos
tan vacía de sentido

223

comprendo que fui hecha
sólo para estar contigo
que tu amor es mi alimento

Que a pesar de mis errores
Tú has venido a mi encuentro

Hoy estoy volviendo
Y quisiera que esto fuera para siempre
Tú sabes cuánto duele no lograr permanecer
Ayúdame a ser agua de tu manantial
Para no dejarte nunca más, Jesús

A las pocas semanas, recibí una llamada del técnico de grabación. Nos devolvió el master y finalmente pudimos hacer las copias del disco. Incluí *Volviendo* en el CD de *Amanecer* como testimonio de que Dios me había dicho que siguiera escribiendo música, que Él no sólo aprobaba las canciones que estábamos cantando, sino que las inspiraba, las disfrutaba y las cantaba conmigo.

Diferente

Dios ha bendecido nuestra familia con dos hijos: Laia y Marcos. Ambos nacieron en España. Cuando Laia tenía nueve años y Marcos ocho, nos mudamos a Estados Unidos de América. Nuestros hijos no sabían hablar el idioma y no tenían amigos. Poco a poco se fueron adaptando. Desafortunadamente algunos niños de la clase de Marcos comenzaron a burlarse de él, porque era extranjero, hablaba diferente y tenía costumbres distintas. La burla ocasional se convirtió en un bullying constante. Una mañana, cuando fui a despertar a Marcos para desayunar, lo encontré llorando en su cama. Me dijo que no quería levantarse ni ir a la escuela. Estaba cansado de que se burlaran de él y de pasar los recreos solo en un rincón.

Me partió el corazón ver a nuestro hijo tan triste. Después de hablar y orar con mi marido, cambiamos a nuestros hijos de escuela y Marcos comenzó a recibir ayuda profesional. Una mañana mientras hablaba con Dios y le pedía por Marcos, sentí que Dios me decía que escribiera canciones para mi hijo y comenzara un proyecto musical misionero. Lo comenté con Marcos, Laia y mi marido, y me dieron su apoyo total.

Comencé a orar por inspiración, y las canciones empezaron a brotar, una tras otra.

Llamamos a algunos adolescentes amigos de la iglesia y de la escuela. Les explicamos el proyecto a ellos y sus padres, y se entusiasmaron. El primer sábado por la tarde que nos juntamos a practicar, les enseñé la canción Diferente, que habla de acoso o bullying. Todos los adolescentes — de doce a quince años — comenzaron a compartir sus experiencias de bullying. Cada uno mostraba sus heridas emocionales a través de las historias: uno porque era demasiado gordito, otra demasiado oscura; uno demasiado estudioso, el otro demasiado extranjero; una demasiado pelirroja, y la lista era interminable.

Hablamos de cómo Jesús también fue acosado, por ser diferente a todos los demás. En cada ensayo creamos espacios de sinceridad para que los adolescentes se expresaran y dialogaran acerca de la necesidad de sentirnos bien con nosotros mismos, y vernos como Dios nos ve.

Gracias a este grupo nuestro hijo encontró apoyo, y cantar sobre lo que le estaba pasando no sólo a él sino a todos los demás, le ayudó a superar esta difícil etapa. Los padres de muchos adolescentes mostraban su agradecimiento porque sus hijos habían encontrado un grupo de amigos que compartían sus vivencias y oraban los unos por los otros.

Los planes de Dios no sólo incluían bendecir a Marcos y a un grupo de amigos. ¡Cuando Dios planta un sueño en nuestro corazón, nos hace soñar en grande! Conseguimos una patrocinadora para grabar un CD con las canciones que compusimos, junto con el grupo de adolescentes. Salió a la venta hace tres años. Hoy el CD del grupo TEXTIFY está siendo distribuido en España, Argentina, USA, y Dios mediante pronto se distribuirá en más países. Los beneficios de la venta van para ayudar al Hogar de Niños Adventista de Honduras.

Todo empezó con una historia de *bullying*, una madre que oraba y una canción que Dios puso en su corazón. Cuando colocamos nuestros pequeños talentos en manos del gran Dios, ¡Él los multiplica!

Diferente

Déjame que te cuente
De un pastor de ovejas de Israel:
Siempre muy pequeño fue
Sus hermanos se burlaban de él
Pero sólo una piedra usó
¡Y aquel gigante se cayó!

David era alguien diferente
Y no olvides que Dios ve
lo que no puede ver la gente
David era alguien especial
Somos más que vencedores,
¡con Dios vamos a triunfar!

Déjame que te cuente
De la valiente y bella reina Esther
Aunque Amán la amenazó
Y a su pueblo casi destruyó
Esther suplicó al Dios
Se arriesgó, y ante el rey se presentó

Esther era alguien diferente
Y no olvides que Dios ve
lo que no puede ver la gente
Esther era alguien especial
Somos más que vencedores
con Dios vamos a triunfar

Déjame que te cuente
De un joven carpintero en Nazareth
El enemigo lo tentó
Con mentiras lo quiso vencer
Y Jesús le contestó
Usando la Palabra de Dios
Jesús era alguien diferente
Y no olvides que Dios ve
lo que no puede ver la gente
Jesús era alguien especial
Somos más que vencedores
con Dios vamos a triunfar

Bullying no es nuevo
Ya lo ves
Lleva muchos años por aquí
No juegues su juego, ¡no!
Plántales cara
Diles que tú:

Tú eres alguien diferente
Y no olvides que Dios ve
lo que no puede ver la gente
Tú eres alguien especial
Somos más que vencedores
con Dios vamos a triunfar

Cada canción tiene una historia. Historias de separación y reencuentro, de miedos y amores, de victorias alcanzadas de la mano de Jesús.

227

He compartido contigo la historia de tres canciones de las más de docientas que he escrito hasta ahora. Te preguntarás por qué este capítulo se titula "Historia de Cuatro Canciones" si sólo hay tres.

Me gustaría que la cuarta canción la escribas tú.

Si Dios está sembrando en tu corazón canciones, deja de poner excusas. "El Padre busca adoradores que le adoren en Espíritu y en verdad" (Juan 4:23, 24). El enemigo quiere tener el monopolio de la música en este mundo, pero el Padre sigue buscando gente como tú y como yo, que le adoremos en Espíritu y en verdad.

El Padre sigue buscando personas que acudan a Él conscientes de sus limitaciones, pidiendo la inspiración y dirección del Espíritu Santo.

El Padre sigue buscando gente que se considera débil e insignificante, para llenarla con su poder y sabiduría infinita.

El Padre sigue buscando músicos libres de ambición personal y orgullo, que se humillen cada día a los pies de la cruz y decidan darle gloria al único que lo merece: a Jesús, y a Jesús crucificado.

El Padre te está buscando. Quiere bendecir al mundo a través de los talentos que ha sembrado en tu vida.

Ojalá puedas decir como David en el Sal. 103:12:

"Que todo lo que soy alabe al Señor;
con todo el corazón alabaré su santo nombre.

Que todo lo que soy alabe al Señor;
que nunca olvide todas las cosas buenas que hace por mí."

CAPÍTULO 9
¡QUE NADIE APAGUE AL ESPÍRITU!

Imagino que mientras la mujer caminaba hacia el pozo en busca de agua, cruzaban por su mente, como fotos de un desordenado album familiar, escenas de su vida. Escenas de amor y desencuentro. De infidelidad y abandono. La sensación de hastío y soledad se enredaba en sus pensamientos y visitaba sus recuerdos, como viejos fantasmas que siempre habían estado allí.

Se preguntaba cómo había llegado hasta ese momento. Qué había fallado. Dónde estaba Dios. Cada vez que le había buscado se había encontrado con una religión que le enseñaba leyes, prejuicios y culpa. Más culpa.

Nunca se hubiera imaginado que Dios estaba sentado junto al pozo, esperándola, en ese preciso instante. Allí mismo. ¡Dios en persona había bajado desde el cielo y había reservado un espacio y un tiempo para encontrarse con ella, cara a cara! Con ella. Una mujer extranjera, insignificante, de la que ni siquiera sabemos el nombre.

No hay nadie insignificante para Dios. Para Él nadie pasa desapercibido. Ni siquiera un pequeño pájaro que cae al suelo. Dios nos ve, nos conoce por nombre, nos ama a tal punto de entregar su vida por nosotros.

En el encuentro de Jesús con la mujer samaritana, junto al pozo de Jacob, Jesús habla más sobre adoración que en ninguna otra parte del Nuevo Testamento. La magistral forma en la que Jesús describe la adoración verdadera se encuentra en la respuesta a la mujer samaritana, que le pregunta dónde adorar:

Créeme, querida mujer, que se acerca el tiempo en que no tendrá importancia si se adora al Padre en este monte o en Jerusalén. Ustedes, los samaritanos, saben muy poco acerca de aquel a quien adoran, mientras que nosotros, los judíos, conocemos bien a quien adoramos, porque la salvación viene por medio de los judíos. Pero se acerca el tiempo —de hecho, ya ha llegado— cuando los verdaderos adoradores adorarán al Padre en espíritu y en verdad. El Padre busca personas que lo adoren de esa manera. Pues Dios es Espíritu, por eso todos los que lo adoran deben hacerlo en espíritu y en verdad.

¿Qué significa adorar en Espíritu y en verdad? La mejor explicación que he leído se encuentra en *El Deseado de Todas las Gentes.* Allí Ellen White comenta:

Los hombres no se ponen en comunión con el cielo visitando una montaña santa o un templo sagrado. La religión no ha de limitarse a las formas o ceremonias externas. La religión que proviene de Dios es la única que conducirá a Dios. A fin de servirle debidamente, debemos nacer del Espíritu divino. Esto purificará el corazón y renovará la mente, dándonos una nueva capacidad para conocer y amar a Dios. Nos inspirará una obediencia voluntaria a todos sus requerimientos. Tal es la verdadera adoración. Es el fruto de la obra del Espíritu Santo. Por el Espíritu es formulada toda oración sincera, y una oración tal es aceptable para Dios. Siempre que un alma anhela a Dios, se manifiesta la obra del Espíritu, y Dios se revelará a esa alma. El busca tales adoradore. Espera para recibirlos y hacerlos sus hijos e hijas.[181]

La adoración verdadera es el fruto de la obra del Espíritu Santo.

---

[181] Ellen White, *El Deseado de Todas las Gentes,* 156.

El Espíritu Santo es un agente activo en la adoración. No es una visita ocasional, ni una manifestación especial, ni una opción.

Sin el Espíritu Santo no existe una adoración verdadera.

Sin embargo, con frecuencia tenemos cierta cautela al invocar el Espíritu Santo. ¿No es peligroso caer en el culto emotivo, en los movimientos carismáticos y en el pentecostalismo al invocar la presencia del Espíritu Santo en la adoración? — argumentamos. ¿No corremos el riesgo de un culto desordenado, ruidoso, emotivo y frenético al invocar la presencia del Espíritu Santo durante la adoración? ¿Cómo se puede alcanzar el equilibrio entre el Espíritu y la verdad?

En este capítulo reflexionaremos en la posición de la Iglesia Adventista frente al Espíritu Santo y su rol en la música de adoración.

Adoración carismática

El movimiento carismático está ganando miles de adeptos cada día en todo el mundo desde comienzos del siglo XX.

Se calcula que los miembros de las Iglesias pentecostales en el mundo son más de 400 millones. Desde el año 2000 — explica el profesor Philip Jenkins — carismáticos y pentecostales en todo el mundo están aumentando al ritmo de casi 19 millones cada año.[182]

La Iglesia Metodista Pentecostal de Chile, por ejemplo, fue fundada en 1909 y en 2011 ya contaba con dos millones de miembros. La Iglesia Metodista de Chile — la iglesia

---

[182] http://www.noticiacristiana.com/iglesia/crecimiento/2013/05/2025-se-preve-que-evangelicos-pentecostales-llegaran-a-800-millones-en-el-mundo.html.

"histórica" Metodista, de la que se desmembró la Iglesia Metodista Pentecostal — tiene actualmente menos de cinco mil miembros.[183] ¿A qué se debe el apabullante éxito del movimento carismático?

En el libro *La Iglesia Adventista Frente Al Movimiento Carismático* el pastor Enoch de Oliveira presenta un interesante y revelador estudio sobre el movimiento carismático en Sudamérica, y atribuye el éxito del movimiento carismático a los siguientes factores:

1. Se basa en el sistema usado por la iglesia durante la edad apostólica: el evangelismo personal, todos los días, en todas partes.

2. Es menos estructurado y buroctratizado que las iglesias históricas (metodistas, bautistas, presbiterianas, mormonas, católicos, adventistas, etc.).

3. Presentan a Jesús como centro de su mensaje y su experiencia cristiana.

4. La adoración es dinámica, cristocéntrica, llena de energía y entusiasmo.[184]

Sin embargo, en el mismo estudio, el pastor de Oliveira escribe que la adoración carismática plantea algunas características que contradicen los principios bíblicos de la verdadera adoración:

1. Excesos. El movimiento carismático promueve una forma de adoración espontánea y desinhibida, que con frecuencia degenera en desorden, manifestaciones histéricas, contorsiones corporales, gritos fuertes, pérdida de la consciencia y caídas al suelo.

---

[183] Enoch de Oliveira, *La Iglesia Adventista Frente al Movimiento Carismático* (Buenos Aires: ACES, 2011), 8.
[184] Idem., 1-11.

2. *Abuso de las emociones*. En su arrobamiento místico el adorador carismático es transportado a la cima de la exitación emocional. A veces hasta pierde el control consciente. Una de las manifestaciones de este arrobamiento emocional consiste en hablar en lenguas, con palabras que no tienen lógica ni sentido.

La fórmula de Jesús para la adoración verdadera incluye al Espíritu Santo y a la verdad. Es decir, la presencia del Espíritu Santo no significa la exclusión de la verdad. El Espíritu Santo no produce confusión, ruido y desorden, sino que nos conduce a la verdad, edifica y fortalece a la iglesia.

Pablo lo explica de forma muy clara en 1 Cor. 14:

"Si hablan a la gente con palabras que no entienden, ¿cómo podrían saber lo que ustedes dicen? Sería igual que hablarle al viento.

Hay muchos idiomas diferentes en el mundo, y cada uno tiene significado; pero si no entiendo un idioma, soy un extranjero para el que lo habla, y el que lo habla es un extranjero para mí. Lo mismo ocurre con ustedes. Ya que están tan deseosos de tener las capacidades especiales que da el Espíritu, procuren las que fortalecerán a toda la iglesia.

Por lo tanto, el que habla en lenguas también debería pedir en oración la capacidad de interpretar lo que se ha dicho. Pues, si oro en lenguas, mi espíritu ora, pero yo no entiendo lo que digo.

¿Qué debo hacer entonces? Oraré en el espíritu y también oraré con palabras que entiendo. Cantaré en el espíritu y también cantaré con palabras que entiendo. Pues, si alabas a Dios solamente en el espíritu, ¿cómo podrán los que no te entienden alabar a Dios contigo? ¿Cómo podrán unirse a tus agradecimientos cuando no entienden lo que dices? Tú darás gracias muy bien, pero eso no fortalecerá a la gente que te oye."
(1 Cor. 14:6-17)

Ahora bien, mis hermanos, hagamos un resumen. Cuando se reúnan, uno de ustedes cantará, otro enseñará, otro contará alguna revelación especial que Dios le haya dado, otro hablará en lenguas y otro interpretará lo que se dice; pero cada cosa que se haga debe fortalecer a cada uno de ustedes.

No más de dos o tres deberían hablar en lenguas. Deben hablar uno a la vez y que alguien interprete lo que ellos digan. Pero, si no hay nadie presente que pueda interpretar, ellos deberán guardar silencio en la reunión de la iglesia y hablar en lenguas a Dios en forma privada.

"Que dos o tres personas profeticen y que los demás evalúen lo que se dice. Pero, si alguien está profetizando y otra persona recibe una revelación del Señor, el que está hablando debe callarse. De esa manera, todos los que profeticen tendrán su turno para hablar, uno a continuación de otro, para que todos aprendan y sean alentados. Recuerden que la gente que profetiza está en control de su espíritu y puede turnarse con otros. Pues Dios no es Dios de desorden sino de paz, como en todas las reuniones del pueblo santo de Dios." (1 Cor. 14:26-33)

Entender la adoración y su relación con la obediencia — fruto de la acción del Espíritu Santo — es importante para todos los verdaderos discípulos de Cristo. Jesús dice que guardar los mandamientos de Dios es fruto de nuestro amor por Él, y que si obedecemos sus mandamientos, Él nos enviará al Espíritu de verdad. Es interesante que en Juan 4:23 Jesús mencione que los adoradores deban adorar en espíritu y en verdad, y en Juan 14:17 dice a sus discípulos que el Espíritu de verdad vendrá a nosotros cuando obedezcamos sus mandamientos, como consecuencia de nuestro amor por Él.

¿Qué implicaciones tienen estas palabras de Jesús para la adoración, y la música adventista? Jesús nos enseña que la adoración verdadera también incluye la obediencia a sus mandamientos. La música religiosa es la expresión y la consecuencia de una vida de amor a Dios y de la obediencia a sus mandamientos, de los cuales — según Jesús — el amor es el más importante.

Pablo dijo: "Oraré con el espíritu, pero oraré también con el entendimiento; cantaré con el espíritu, pero cantaré también con el entendimiento" (1 Cor. 14:15).

Cuando las emociones descontroladas se intepretan como los frutos del Espíritu Santo, y falta "entendimiento," la adoración se desequilibra y distorsiona. Cuando las emociones producen confusión y desorden, la adoración deja de edificar y fortalecer a la iglesia.

Ellen White, haciendo referencia al abuso de la emoción en la experiencia espiritual, escribe que "otros van al extremo opuesto, haciendo prominentes las emociones religiosas, y en ocasiones especiales manifestando intenso celo. Su religión parece tener más la naturaleza de un estímulo que de una fe permanente en Cristo."[185]

En el capítulo 6 hemos estudiado cómo Ellen White advierte el grave peligro de la adoración que promueve el abuso de la emoción:

> El ruido desconcertante aturde los sentidos y pervierte aquello que, si se condujera en la forma debida, constituiría una bendición. Los poderes de los agentes satánicos se unen con los gritos y el ruido, lo cual resulta un carnaval, y a esto se lo denomina la obra del Espíritu Santo.
>
> El juicio de los seres racionales quedará confundido de tal manera, que no podrán confiar en él para realizar las decisiones correctas. Y a esto consideran como la actuación del Espíritu Santo. El Espíritu Santo nunca se manifiesta en esa forma, mediante ese ruido desconcertante. Esto constituye una invención de Satanás para ocultar sus ingeniosos métodos

---

185 Ellen White, *El Evangelismo*, 366.

destinados a tornar ineficaz la pura, sincera, elevadora, ennoblecedora y santificadora verdad para este tiempo. [...] No debería estimularse esta clase de culto.[186]

Adoración racional (o "en verdad")

En el otro extremo de la adoración carismática se encuentra la adoración racional o intelectual.

Las iglesias que están acostumbradas a la adoración estrictamente racional, son frías. Su adoración suele caracterizarse por ser apagada y demuestra poco entusiasmo. Las personas se sienten incómodas si alguien en la congregación levanta las manos, si la persona se emociona mientras canta, o si gesticula demasiado. Para ellos adorar con reverencia significa seriedad e introspección. Las emociones no suelen expresarse.

He escuchado adventistas que han llegado al extremo de decir: "La adoración debe hacerse del cuello hacia arriba," sugiriendo que no debe bajar al corazón, ni al resto del cuerpo; sólo debe ser una experiencia racional. Esta afirmación no tiene fundamento bíblico ni es apoyada por los escritos de Ellen White.

Con respecto a la experiencia espiritual estrictamente racional, Ellen White escribe:

> Debemos tener más que una creencia intelectual en la verdad. Muchos de los judíos estaban convencidos de que Jesús era el Hijo de Dios, pero eran demasiado orgullosos y ambiciosos para entregarse. Decidieron resistir la verdad, y mantuvieron su oposición. No recibieron la verdad en su corazón así como es en Jesús. Cuando la verdad es considerada como la verdad únicamente por la conciencia; cuando el corazón no es estimulado y hecho receptivo, tan sólo la mente resulta afectada. Mas cuando la verdad es recibida como verdad por el corazón,

---

[186] Ellen White, *Mensajes Selectos*, tomo 2, 36-7.

ha pasado por la conciencia y ha cautivado el alma con sus principios puros. Es colocada en el corazón por el Espíritu Santo que revela su hermosura a la mente, para que su potencia transformadora se manifieste en el carácter.[187]

¡Qué hermosa cita! El Espíritu Santo es el que coloca en el corazón la verdad, y revela su hermosura a la mente. La adoración que expone la verdad en forma fría, sin entusiasmo ni sentimiento, no es una adoración "en Espíritu y en verdad."

Jesús no reprimió sus emociones cuando lloró frente a Jerusalén ni cuando lloró frente a la tumba de su amigo Lázaro. Aunque siempre fue dueño de sus emociones, nunca tuvo reparo en mostrarlas.

En la parábola del hijo pródigo, Jesús describe la emoción del encuentro entre el Padre y el hijo que regresa a casa. "... y cuando todavía estaba lejos, su padre lo vio llegar. Lleno de amor y compasión, corrió hacia su hijo, lo abrazó y lo besó" (Luc. 15:20). En esta parábola Jesús nos explica qué significa para Dios Padre que un pecador regrese arrepentido a su presencia. Adorar es encontrarse con Dios, es buscar su rostro y entrar en su presencia. Si el mismo Dios Padre muestra sus emociones corriendo, abrazando, sintiendo compasión, llorando y besando, ¿por qué habríamos de reprimir nuestras emociones nosotros, sus hijos, al adorarle?

En la Biblia no encontramos fundamento para sostener que la adoración debe ser "de cuello hacia arriba." La adoración verdadera que propone Dios en su Palabra es equilibrada: integra la emoción y la razón, el Espíritu y la verdad, el espíritu y el entendimiento. De esta experiencia holística habla David en el Salmo 103, cuando le canta a Dios:

---

[187] Ellen White, *El Evangelismo*, 215.

"Que todo lo que soy alabe al Señor; con todo el corazón alabaré su santo nombre. Que todo lo que soy alabe al Señor; que nunca olvide todas las cosas buenas que hace por mí." (Sal. 103:1, 2)

Adoración verdadera ("en espíritu y en verdad")

La historia de la iglesia cristiana primitiva comienza con el derramamiento del Espíritu Santo. Jesús les había dicho a sus discípulos: "...recibirán poder cuando el Espíritu Santo descienda sobre ustedes; y serán mis testigos, y le hablarán a la gente acerca de mí en todas partes: en Jerusalén, por toda Judea, en Samaria y hasta los lugares más lejanos de la tierra" (Hec. 1:8).

El Espíritu Santo transforma, revoluciona, reaviva. Nunca nos deja indiferentes. Así como la lluvia temprana se derramó en el Pentecostés, Dios promete derramar la lluvia tardía en su pueblo.[188] Para ello "no debemos apagar al Espíritu Santo" (1 Tes. 5:19).

¿Es la presencia del Espíritu Santo una expectativa real en nuestra vida? ¿Creemos en el bautismo diario del Espíritu Santo?

¿Pedimos el derramamiento del Espíritu Santo antes de liderar la adoración en nuestra iglesia? ¿Experimentamos la

---

188 Como la "lluvia temprana" fue dada en tiempo de la efusión del Espíritu Santo al principio del ministerio evangélico, para hacer crecer la preciosa semilla, así la "lluvia tardía"será dada al final de dicho ministerio para hacer madurar la cosecha. "Y conoceremos, y proseguiremos en conocer a Jehová: como el alba está aparejada su salida, y vendrá a nosotros como la lluvia, como la lluvia tardía y temprana a la tierra" (Ose. 6:3). "Vosotros también, hijos de Sión, alegraos y gozaos en Jehová vuestro Dios; porque os ha dado la primera lluvia arregladamente, y hará descender sobre vosotros lluvia temprana y tardía como al principio" (Joel 2:23). "Y será en los postreros días, dice Dios, derramaré de mi Espíritu sobre toda carne." "Y será que todo aquel que invocare el nombre del Señor, será salvo" (Hec. 2:17, 21). Véase también Ellen White, *El Conflicto de los Siglos*, 596.

dirección del Espíritu Santo mientras estamos cantando, tocando un instrumento, dirigiendo la adoración?

Enoch de Oliveira escribe sobre el testimonio de un joven que escuchó de Dios a través de un pastor adventista y de un pastor pentecostal:

> Antes de mi conversión asistí a dos campañas de evangelización dirigidas por predicadores adventistas. De ellos aprendí la hermosura y la lógica de la interpretación profética. De ellos aprendí acerca de las bestias de Daniel y el Apocalipsis. Sin embargo, con los pentecostales aprendí acerca de Cristo y los dones del Espíritu Santo.[189]

A lo que el pastor de Oliveira agrega: "¡Qué tragedia!"

¿Por qué hemos dejado de predicar a Cristo y los dones del Espíritu Santo? ¿Desde cuándo hemos dejado de esperar que los dondes del Espíritu Santo se manifiesten en nuestra vida y en la vida de la iglesia? Es tiempo de que el movimiento adventista vuelva a sus orígenes. Tiempo de retomar el estudio de la Palabra de Dios con profundidad y rigor, como lo hicieron nuestros pioneros. Tiempo de pedir la guía del Espíritu Santo para vivir un cristianismo más lleno de Jesús, y del poder de su Espíritu. Tiempo de adorar con libertad, con sinceridad, sin prejuicios, buscando con un corazón arrepentido y humilde el derramamiento del Espíritu Santo en nuestra vida y en nuestra iglesia. Sólo cuando experimentemos la presencia del Espíritu Santo estaremos preparados para las grandes cosas que Dios desea hacer en su pueblo:

> En visiones de la noche pasó delante de mí un gran movimiento de reforma en el seno del pueblo de Dios. Muchos alababan a Dios. Los enfermos eran sanados y se efectuaban otros milagros. Se advertía un espíritu de adoración como lo

---

[189] Enoch de Oliveira, *La Iglesia Adventista Frente al Movimiento Carismático* (Buenos Aires: ACES, 2011), 16.

hubo antes, en el gran día del Pentecostés. Se veían a centenares y miles de personas visitando las familias y explicándoles la Palabra de Dios. Los corazones eran convencidos por el poder del Espíritu Santo, y se manifestaba un espíritu de sincera conversión. En todas partes las puertas se abrían de par en par para la proclamación de la verdad. El mundo parecía iluminado por la influencia divina. Los verdaderos y sinceros hijos de Dios recibían grandes bendiciones. Oí las alabanzas y los testimonios de agradecimiento: parecía una reforma análoga a la reforma de 1844.[190]

Hace algunos meses fui invitada a una iglesia para dar un seminario de música y adoración. El pastor me comentó que la congregación estaba muy dividida a causa de la música. La típica discusión: algunos jóvenes querían integrar percusión en la adoración y una parte de la iglesia se negaba. El pastor me pidió que le ayudara a resolver la situación.

Pasé tiempo en oración pidiéndole a Dios sabiduría para saber cómo actuar. Mientras oraba sentí que Dios me impresionaba con la siguiente idea: en la Biblia no hay ni un solo episodio en el que la música consiga la unidad de la iglesia. El único que consigue la unidad en la iglesia es el Espíritu Santo:

"El día de Pentecostés, todos los creyentes estaban reunidos en un mismo lugar. De repente, se oyó un ruido desde el cielo parecido al estruendo de un viento fuerte e impetuoso que llenó la casa donde estaban sentados. Luego, algo parecido a unas llamas o lenguas de fuego aparecieron y se posaron sobre cada uno de ellos. Y todos los presentes fueron llenos del Espíritu Santo y comenzaron a hablar en otros idiomas, conforme el Espíritu Santo les daba esa capacidad." (Hec. 2:1-4)

"Un profundo temor reverente vino sobre todos ellos, y los apóstoles realizaban muchas señales milagrosas y maravillas. Todos los creyentes se reunían en un mismo lugar y compartían todo lo que tenían. Vendían sus propiedades y posesiones y compartían el dinero

---

[190] Ellen White, *Consejos Sobre la Salud*, 582.

con aquellos en necesidad. Adoraban juntos en el templo cada día, se reunían en casas para la Cena del Señor y compartían sus comidas con gran gozo y generosidad, todo el tiempo alabando a Dios y disfrutando de la buena voluntad de toda la gente. Y cada día el Señor agregaba a esa comunidad cristiana los que iban siendo salvos." (Hec. 2:42-47)

Los primeros cristianos y los discípulos no cantaron para que se produjera la unidad en la iglesia. Cantaban juntos porque primero oraron juntos, pidiendo el derramamiento del Espíritu Santo. Cuando el Espíritu Santo descendió, cantaron y adoraron juntos, como consecuencia.

No podemos pretender cantar juntos en armonía, poniéndonos de acuerdo en los estilos musicales, en los instrumentos, en el orden de la liturgia, en la selección de las canciones, cuando nuestra vida está llena de crítica, juicio, falta de compasión y amor cristianos. Cuando recibimos el Espíritu Santo, Él nos da su fruto de amor, paz, alegría, paciencia, benignidad, bondad, mansedumbre y dominio propio. Como resultado de vivir en el Espíritu, adoramos juntos.

La música no puede "simular" la acción del Espíritu. La música no puede unirnos ni transformarnos. Sólo el Espíritu Santo tiene ese poder.

A veces en nuestra forma de dirigir el culto de adoración damos la impresión de que queremos controlar al Espíritu Santo:

"Vamos a cantar esta canción, y luego le pediremos a la gente que se ponga de pie y el Espíritu Santo descenderá. Eso será a las 11:10 a.m."

"Y cuando haga el llamado al final, usted toque en el piano una canción bien emotiva, y el Espíritu Santo descenderá y las personas pasarán al frente. Eso será a las 12:05 p.m."

Si bien la música puede crear un clima que intensifique el mensaje de la Palabra de Dios, es el Espíritu Santo el que conduce, guía y convence los corazones. No es la música. No somos nosotros los que controlamos al Espíritu Santo, sino es el Espíritu Santo el que desea tomar control de nosotros.

Cuando comprendí esta verdad, hablé con el pastor. Le expliqué lo que había encontrado en la Biblia y lo que Dios me estaba diciendo en oración. El pastor decidió posponer el seminario de música y organizar una semana de oración y reavivamiento espiritual. La iglesia oró unida. Pidió la presencia del Espíritu Santo. Hubo una reunión de confesión, de arrepentimiento, de acercamiento entre las personas que habían discutido. El Espíritu descendió. Sus frutos se vieron. A las pocas semanas, el pastor me dijo que la iglesia había llegado a un acuerdo respecto al uso de ciertos instrumentos, y que estaba funcionando bien. ¡Nunca más me llamó para dar el seminario de música y adoración!

El Espíritu Santo sigue manifestándose hoy en nuestras vidas y en la vida de su iglesia. Sólo debemos necesitarlo, pedirlo y creer que lo recibiremos. ¡Es una promesa!

El Espíritu Santo sigue convenciéndonos de que mostremos a Jesús mientras seleccionamos los cantos e himnos para edificar a la iglesia, mientras tocamos los instrumentos musicales para la gloria de Dios, mientras dirigimos la adoración para exaltar el nombre de Jesús.

El Espíritu Santo traduce nuestros cantos — que son oraciones — para que lleguen al trono del Padre: "Además, el Espíritu Santo nos ayuda en nuestra debilidad. Nosotros no sabemos qué quiere Dios que le pidamos en oración, pero el Espíritu Santo ora por nosotros con gemidos que no pueden expresarse con palabras. Y el Padre, quien conoce cada corazón, sabe lo que el Espíritu dice, porque el Espíritu intercede por nosotros, los creyentes, en armonía con la voluntad de Dios" (Rom. 8:26).

¡Que nada, ni nadie, apague al Espíritu Santo en nuestra vida!

CAPÍTULO 10

CÓMO ORGANIZAR UN MINISTERIO MUSICAL EFECTIVO: 28 IDEAS PARA TU IGLESIA

1. Recuerda que la adoración es un estilo de vida. No vamos el sábado a la iglesia para conectarnos con Dios sino para expresar la conexión con Dios que ya hemos experimentado durante toda la semana. La adoración es un estilo de vida. Para poder liderar la adoración congregacional necesitamos madurez espiritual, y eso lo da la permanencia en Cristo. Para centrar la adoración en Jesús, hemos de conocer a Jesús. Sólo podemos dar aquello que tenemos. Sólo podemos reflejar a Jesús si hemos pasado tiempo vaciándonos de nosotros mismos y llenándonos de la presencia del Maestro.

2. Establece una comunicación fluida con el pastor de tu iglesia. Es crucial trabajar en equipo con el pastor o los pastores de tu iglesia local. Recuerda que la adoración congregacional es una tarea de equipo. En el modelo levítico, los levitas trabajaban colaborando con los sacerdotes. No tomes decisiones sin consultarlas con el pastor y la junta de iglesia y ora para que Dios te ayude a trabajar con un espíritu positivo, constructivo y paciente.

3. Organiza una comisión de música y adoración. La comisión de adoración debería estar formada por personas que representen las diferentes generaciones y culturas que integran la iglesia. Su función es lograr que el servicio de adoración — tanto los momentos de oración como los cantos y el estudio de la Palabra de Dios — creen una atomósfera relevante y significativa para la iglesia. Para esto es imprescindible trabajar con el calendario de las actividades del año eclesiástico y especialmente los temas de los sermones que se presentarán cada sábado.

4. *Forma un equipo de alabanza.* Si en tu iglesia local el equipo de alabanza ya está funcionando, estás en una situación ideal. Si no hay un grupo de alabanza, habla con el pastor y la junta y pídeles autorización para organizar un equipo de alabanza. Una vez que tengas la autorización, una buena forma de comenzar es anunciando las audiciones en la iglesia. Recuerda hacer audiciones con criterios fijos (registro de la voz, afinación y claridad de dicción serían tres características imprescindibles). Es posible que te encuentres con gente sincera que quiere participar pero no afina, y con gente que canta muy bien pero no quiere comprometerse con la asistencia a las prácticas. Recuerda que los miembros del equipo de alabanza son levitas. Necesitan tener un espíritu de servicio, madurez espiritual y ciertas aptitudes para el canto.

5. *Prepara los ensayos.* El clima que se crea en los ensayos es muy importante. Comienza siempre con un devocional. Es bueno que los miembros del equipo de alabanza tengan un tiempo para compartir testimonios y orar los unos por los otros. A continuación, es bueno dedicar unos minutos a hacer ejercicios vocales de calentamiento y afinación. Luego, dedica de veinte a treinta minutos a cada canción. Es aconsejable que durante la semana los miembros del equipo ya hayan recibido las canciones (crear una página Web, Facebook o emails son buenos recursos para enviar el material). Fomenta un espíritu de amistad dentro del grupo. Sin embargo, no permitas que se pierda el tiempo, o se olvide el propósito por el cual el grupo se reúne: adorar y liderar la adoración.

6. *Las transiciones son importantes*. Hace un tiempo leí que los momentos de adoración se asemejan al vuelo de un pájaro: necesitan tiempo para remontar vuelo y alcanzar la altura deseada. La elección del orden de las canciones es importante. Debe hacerse con intencionalidad, invitando la presencia del Espíritu Santo en la iglesia. La presentación de un canto y la forma en que se hace la transición de una canción a otra son muy importantes para mantener el espíritu de adoración y reverencia genuina. Compartir un breve testimonio o leer un versículo de la Escritura que esté relacionado con el canto ayudan a mantener el espíritu que la música ha creado. Es crucial mantener las transiciones breves y al punto. Comentarios personales como: "Perdón, hermanos, estoy resfriada y no me sale la voz muy bien hoy..." o "No sé si tenemos la pista para este himno... prueba la dos... no, mejor la tres... creo que es la número cuatro..." desconcentran, rompen el ambiente y no facilitan que la iglesia se concentre en lo realmente importante: la presencia de Dios en ese momento y lugar.

7. *Invierte en educar y entrenar al equipo*. Los levitas recibían entrenamiento profesional. Ellen White aconseja que se eduque vocalmente a las personas que cantan en los servicios religiosos de la iglesia.[191] Es muy útil contratar un/a profesor/a de canto que venga cada cierto tiempo y enseñe al grupo a respirar, a colocar correctamente la voz y proyectarla, etc. Hace una gran diferencia en el sonido, y por lo tanto, en la calidad de la adoración.

---

[191] Ellen White, *Historia de los Patriarcas y Profetas*, 644-5 señala: "La música forma parte del culto tributado a Dios en los atrios celestiales, y en nuestros cánticos de alabanza debiéramos procurar aproximarnos tanto como sea posible a la armonía de los coros celestiales. La educación apropiada de la voz es un rasgo importante en la preparación general, y no debe descuidarse. El canto, como parte del servicio religioso, es tanto un acto de culto como lo es la oración. El corazón debe sentir el espíritu del canto, para darle expresión correcta."

8. *Invierte en equipo de calidad.* Esta suele ser la parte más difícil del ministerio de música local: invertir en instrumentos musicales y equipo de sonido. En general, la iglesia no es muy consciente de lo importante que es adquirir material de calidad, y de la gran diferencia que hace en el resultado del sonido. Tanto los instrumentos musicales como los micrófonos, los monitores, las mesas de mezclas, etc. cuestan bastante dinero. Los músicos necesitamos crear una conciencia y cultura de calidad. Si la iglesia no cuenta con los fondos suficientes, se pueden realizar conciertos benéficos y diferentes proyectos para juntar los fondos necesarios. Recuerda contar con asesoramiento profesional para comprar e instalar los instrumentos musicales o equipos de sonido.

9. *Incluye un repertorio diverso en la adoración.* La fórmula de Pablo en Col. 3:16 y Efe. 5:19 es realmente efectiva: "cantar salmos, himnos y cánticos espirituales." Cada congregación tiene una realidad diferente, y la adoración debería tener en cuenta esa realidad. Sin embargo, mantener un repertorio variado entre himnos tradicionales y cantos contemporáneos es muy saludable para la iglesia. Los adultos disfrutan cantando himnos que conocen desde siempre, y los jóvenes se sentirán más identificados si integramos en el repertorio algunos cantos más contemporáneos.

10. *Combina repertorio nuevo y conocido.* Los cantos que se usen durante el servicio de adoración deben ser familiares para la mayoría de la iglesia. Muchas congregaciones se quejan de estar "perdidos" porque el equipo de alabanza está cantando continuamente nuevos cantos, que la mayoría desconoce. Enseñar un canto nuevo cada dos o tres semanas suele funcionar en la mayoría de iglesias. Si decides enseñar un nuevo canto, asegúrate de cantar sólo la melodía — sin armonizaciones — la primera vez, para que la congregación la aprenda más fácilmente. Repetir la canción ayuda a que la congregación la aprenda mejor.

11. ¡Invita a la congregación a cantar! Una iglesia que canta unida es una iglesia que sabe convivir unida. El canto nos une, nos da identidad como familia de Dios. Desafortunadamente vivimos en la cultura del *karaoke*, en la que muchas iglesias, por falta de instrumentistas, cantan con pistas o videos que se bajan de internet — a veces sin mucho criterio. Estos himnos y canciones cristianas ya vienen con el acompañamiento y la voz grabados, por lo tanto, la congregación a veces ni siquiera se escucha a sí misma. Sólo escuchan las pistas.

Es importante que incentivemos a la congregación a cantar. La invitación en la Palabra de Dios es a que cantemos, no a que seamos meros espectadores. Algunas ideas que funcionan son:

a. Invita a la iglesia a ponerse de pie. Esto les ayuda a expresarse mejor y a concentrarse más en el canto. Si hay tres o cuatro cantos en el momento del culto, uno o dos pueden hacerse de pie.

b. Divide la congregación en hombres y mujeres, alternando estrofas y/o coros. Matiene la adoración dinámica y participativa.

c. Canta *a cappella* algunas estrofas o coros, así la congregación puede escucharse mejor. Este recurso suele incentivar a la gente a cantar con más entusiasmo.

12. Usa un código de vestimenta. Dios da indicaciones precisas respecto a la vestimenta que los sacerdotes y los levitas debían usar mientras ministraban en el santuario. ¿Por qué? La forma de vestir puede distraer la atención de las personas que vienen a encontrarse con Dios, o puede facilitar la adoración. Si bien "el hábito no hace al monje", la forma de vestir puede causar un impacto positivo o negativo. Los artistas no religiosos invierten mucho dinero en asesores de imagen que les asesoran en la vestimenta, el peinado y el maquillaje, de forma que haya consonancia entre la música que promocionan y la imagen que la acompaña.

Como levitas contemporáneos y facilitadores de la adoración, es necesario explicar al grupo de alabanza la responsabilidad que implica dirigir la adoración, y el rol de la vestimenta. La iglesia adventista del séptimo día es una iglesia mundial, y en cada país hay costumbres diferentes, que afectan a la forma de vestirse. No se trata de uniformar a los músicos, sino de ayudarles a tomar decisiones que reflejen el respeto y la reverencia por el Dios al que adoramos en la forma de vestirnos, y la responsabilidad con respecto a la comunidad que nos observa. Los músicos estamos muy expuestos y debemos hacer todo lo posible para que sea Jesús el exaltado a través de la música, no la sensualidad, la excentricidad o la falta de decoro en nuestra vestimenta.

En los años que llevo en el ministerio musical me he encontrado con muchos músicos jóvenes que no han recibido ningún tipo de instrucción respecto a cómo vestir para liderar la adoración, y aún así tienen una madurez espiritual que les lleva a hacer decisiones que edifiquen a la iglesia. Otros no han llegado a esa madurez espiritual, o no tienen referencias positivas en sus familias, o están pasando por una etapa de rebeldía que se refleja en su indumentaria. Necesitamos demostrar tacto y amor para llegar a sus corazones, hablando personalmente con ellos, orando y mostrándoles las verdades desde el amor cristiano, así como hacerles ver que una vestimenta que distrae, puede echar a perder el momento de la adoración para el que tanto hemos trabajado, practicado y orado.

13. Adorar es testificar. Cuando cantamos o tocamos música cristiana, estamos expresándole a Dios nuestra respuesta por lo que Él ha hecho en nuestras vidas. Si adoramos aburridos, desconectados, distraidos o de forma chapucera, estamos testificando mal del Dios al que adoramos ante el resto de la congregación. Por eso es necesario orar y pedir la presencia del Espíritu Santo antes de liderar la adoración congregacional. La adoración es un arma poderosa para exaltar a Jesús, engrandecer su nombre, entrar en la presencia de Dios. Implica total dedicación, concentración y entrega.

14. Fomenta un ambiente espiritual. Es importante que la adoración exprese alegría y entusiasmo, pero hay una diferencia entre la adoración y el entretenimiento. En el siglo XXI existe una creciente tendencia a transformar la adoración en un momento de placer personal, centrado en lo que yo siento, o en el momento divertido que estoy pasando. La adoración, si bien expresa alegría, es la alegría que brota de la presencia del Espíritu Santo en nuestras vidas. No tiene nada que ver con la trivialidad, la grosería o la sensualidad.

En Lev. 19:1-3 leemos: "Entonces el Señor le dijo a Moisés: "Da las siguientes instrucciones al pueblo de Israel. Yo soy el Señor su Dios: no se comporten como la gente de Egipto, donde ustedes vivían, o como la gente de Canaán, adonde los llevo. No deberán imitar su estilo de vida.""

Si en los momentos de adoración las luces, el humo, la música y el baile se parecen a un *show* secular, si no se percibe la reverencia ni la experiencia de entrar en la presencia de Dios, es que la adoración se ha convertido en entretenimiento. Tengamos mucho cuidado para que eso no pase en nuestra iglesia. Si, por otro lado, el aburrimiento o la tradición hacen que la adoración sea fría y sin entusiasmo, nos hemos ido al extremo opuesto. Para lograr el equilibrio que la iglesia necesita, hemos de orar antes, durante y después de liderar la adoración, pidiendo a Dios su presencia y sabiduría tanto al planificar como al interpretar la música.

15. *Organiza un evento musical grande al año.* La música es un poderoso medio para evangelizar y alcanzar a la comunidad. Hay muchas iglesias que organizan un evento musical al año: una cantata de Navidad o de Semana Santa, un encuentro de conjuntos musicales de la Conferencia o la Unión, un concierto con un invitado especial, etc. Prográmalo con tiempo. Promociónalo con todos los medios que dispongas. Integra a todos los departamentos de la iglesia. Delega. Permite que la mayoría de la iglesia trabaje y aségurate de que sea un programa de calidad, para que cause un impacto positivo en la comunidad. Recuerda que el centro del evento es Jesús; la música cristiana es un medio para llevar a la gente a Jesús, no un fin en sí mismo.

16. *Participa en seminarios y cursos de formación.* La iglesia organiza Conferencias de música y adoración en diferentes Universidades Adventistas, como Andrews University (Michigan, USA), Southwestern University (Texas, USA), Oakwood University (Alabama, USA), IUCASDE (Sao Paulo, Brasil). En estas conferencias hay diversos talleres de formación y exposiciones que te ayudarán a volver a tu iglesia local lleno de nuevas ideas, recursos y proyectos. Para más información, contacta con el Departamento de jóvenes de la Unión a la que perteneces. Ellos podrán informarte.

17. *Sigue estudiando música.* Siempre hay algo nuevo que aprender, especialmente en la música, donde la tecnología juega cada vez un papel más importante. Es una buena idea proponerse aprender un nuevo acorde cada semana, o una nueva canción, etc. Aprender más recursos te ayudará a ser un músico excelente, y si ya lo eres, te ayudará a mantener el nivel al que has llegado.

18. *Cuenta con ayuda profesional.* Vivimos en un mundo especializado. Los músicos no podemos saber todo acerca de todo. Cuenta con profesionales del sonido para asesorarte respecto al instalación, uso y mantenimiento de equipos.

Puedes contratar un profesor o profesora de canto para que entrene durante cierto tiempo a los cantantes del equipo de alabanza, o a un guitarrista profesional para que le enseñe nuevas técnicas a los guitarristas de tu iglesia, etc. Hay iglesias que durante la semana usan las instalaciones del edificio para dar clases de música a los niños y jóvenes. Esta es una idea fantástica que da muchos frutos. Si la iglesia contrata a un músico profesional para formar a las nuevas generaciones, se asegura el futuro musical de la iglesia y también una generación con más formación, criterio y recursos técnicos. Las iglesias que enseñan música a sus jóvenes tienen un índice de retención mucho mayor que aquellas que no lo hacen.

19. Canaliza el cambio. Los levitas enseñaban durante cinco a diez años las tareas de un levita a sus hijos. Los hijos de nuestra iglesia necesitan liderazgo, guía y referencia de adultos que les mostremos compromiso y entusiasmo por el ministerio musical. Asegúrate que en el equipo de alabanza — tanto para cantar como para tocar instrumentos musicales — hay jóvenes o niños que se están formando para ser líderes. Dales un espacio, escucha lo que tienen para aportar. Con frecuencia aquellos jóvenes que han luchado para ser escuchados, para tener un espacio y una voz en la iglesia con respecto a los cambios que eran necesarios en la adoración para que ésta sea relevante, se transforman en adultos que no siempre saben escuchar a las generaciones que vienen detrás. Para mantener el proceso del cambio dinámico y saludable en la adoración congregacional, necesitamos darle un espacio y una voz a aquellos jóvenes que viven en una generación diferente a la nuestra, aportándoles nuestra experiencia y alentando su iniciativa, y también debemos escuchar la voz de los adultos, que aportan su experiencia y equilibrio. Canalizar el cambio y mantener los principios bíblicos de la adoración es una parte vital de ser levita contemporáneo.

20. Utiliza la música para unir, no para dividir. Aunque la música tiene la gran capacidad de formas vínculos de unidad e identidad, con frecuencia se utiliza para dividir la congregación en tradicionales y contemporáneos, jóvenes y adultos, locales y extranjeros, etc. No caigamos en la trampa del enemigo. "Vistámonos con amor, que es el vínculo de la perfección" (Col. 3:14). [192] Para lograr la unidad es necesario;

a. Actuar en armonía con el pastor y la junta de iglesia, nunca tomando iniciativas en solitario o en contra de la mayoría de la iglesia.

b. Integrar las diferentes generaciones y culturas representadas en la iglesia mientras se adora junto con la congregación.

c. Fomentar una atmósfera espiritual entre los músicos, y no alentar la competencia, la crítica o la envidia.

21. Cada cuatro o seis meses, mantén feedback con la iglesia. Es imprescindible saber si la congregación está siendo edificada por la música y la forma de adorar durante los cultos. Aunque es imposible conformar a todos, hemos de trabajar para que la gran mayoría de la iglesia se sienta inspirada por el estilo de adoración que se utiliza. En el apéndice de este libro encontrarás una encuesta que puede serte de utilidad. Cada cuatro o seis meses, pide permiso al pastor para tomar unos minutos durante alguna de las reuniones y sondear la opinión de la iglesia respecto a la música y la adoración. Es saludable implementar cambios de acuerdo al resultado de la encuesta, siempre y cuando estas sugerencias estén de acuerdo con los principios de la adoración bíblica.

---

[192] "Sobre todo, vístanse de amor, lo cual nos une a todos en perfecta armonía." NTV

22. *Organiza sábados temáticos*. Muchas congregaciones están adoptando la modalidad de celebrar Sábados en los que una parte de la comunidad lleva la iniciativa de la adoración. Algunos ejemplos son:

Sábado joven: El equipo de cantantes y los instrumentistas son jóvenes, y preparan un repertorio juvenil durante el culto. Invitan a toda la congregación a cantar, pero desde un enfoque juvenil. Usualmente el sermón también está enfocado especialmente para los jóvenes.

Sábado para adultos: El coro de la iglesia o un conjunto de cantantes e instrumentistas adultos lideran la adoración, con cantos e himnos significativos para este sector de la iglesia, aunque se invita a toda la congregación a participar.

Sábado para niños: A los niños les encanta participar. Les motiva mucho que de vez en cuando se les dé protagonismo y la oportunidad de liderar en la adoración. Con la ayuda de padres y líderes de la iglesia, se puede organizar un precioso sábado infantil, liderado por niños, aunque toda la iglesia se una en la adoración.

Sábado musical: Una o dos veces al año es bonito organizar un culto musical, en el que la Palabra de Dios se predique y comunique a través del canto, los testimonios y las participaciones musicales. Si está bien organizado, puede ser de gran inspiración para la iglesia.

Hay iglesias multiculturales que han encontrado fórmulas muy edificantes para que cada nación o país que conforma la congregación tenga un espacio en la adoración, cada cierto tiempo. Así, se pueden aprender canciones cristianas que se cantan en países que no conocemos, o en idiomas que no conocemos. Esta interacción es enriquecedora, y ayuda a la congregación a ejercitar la tolerancia, el diálogo y el interés por aprender más de las culturas de los hermanos y hermanas que forman la congregación.

23. *Crea una nueva canción.* La Biblia nos invita a cantar un canto nuevo. Es muy recomendable que el equipo de alabanza se proponga componer una canción de vez en cuando. La creatividad se cultiva y se desarrolla. Si hay alguien en la iglesia que tenga el talento de la composición, puede ayudar a los demás y enseñarles cómo comenzar una canción. Si no, se puede buscar ayuda profesional. Es aconsejable comenzar por una canción sencilla: quizás el canto de bienvenida. Escuchar canciones cristianas es una buena manera de comenzar. Tomando referencias de estructuras de frases, armonías, etc., hasta que fluya una frase musical nueva. ¡Todo es cuestión de empezar!

24. *Escucha y selecciona música de calidad.* Así como la comida nutre nuestro cuerpo, lo que escuchamos nutre nuestro espíritu. El sonido es, en realidad, percibido por nuestro cerebro, que lo decodifica y lo traduce en sensaciones y sentimientos. Es importante alimentar nuestro espíritu con música edificante, música que nos eleve, nos inspire y nos acerque a la presencia de Dios. Escuchar música cristiana de calidad es importante para mantener un espíritu de adoración durante toda la semana.

25. *Forma a nuevas generaciones.* Un buen líder es aquel que sabe delegar y formar nuevos líderes. Intenta rodearte de jóvenes que tengan el deseo de hacer música para Dios. Ayúdales a desarrollar sus talentos, enséñales lo que sepas, y motívales a crecer como levitas contemporáneos. Con frecuencia los equipos de alabanza tienden a transformarse en grupos selectos y cerrados. Evita formar grupo inaccesibles. Intenta integrar nuevas personas, y que el equipo de alabanza se mezcle con el resto de la iglesia. Sobre todo, has un esfuerzo deliberado por no competir entre cantantes o instrumentistas. La música es una disciplina muy expuesta, y es fácil caer en la competencia. Recuerda que, así como no hacemos concursos de oraciones — sería ridículo — no deberíamos competir por "quién canta o toca mejor," ya que los cantos son oraciones y el objetivo de la música cristiana es exaltar a Jesús, que fue el siervo de siervos.

26. *Equívocate con una sonrisa.* Hemos de practicar para que las canciones, acompañamientos, transiciones y testimonios salgan lo mejor posible. Aún así, a veces se cometen errores. Somos humanos. Es importante entrenar a los músicos para enfrentar los errores con naturalidad. Un profesor de piano que tuve, me enseñó que es más importante cómo nos recuperamos del error que el hecho de habernos equivocado. Ante un error — una nota que se ha desafinado, un acorde equivocado, una entrada antes de tiempo — es importante relajar el cuerpo — especialmente las expresiones faciales — sonreir, y seguir hacia adelante como si nada hubiera pasado. Cuando somos severos o intransigentes con los que se han equivocado, creamos traumas y desarrollamos inseguridades en los músicos, que a veces les pueden marcardurante toda la vida.

La iglesia es un hospital lleno de pecadores, con los que Dios aún está trabajando. Es necesario crear un ambiente de perdón, compasión y amor cristiano. Aunque se practique con seriedad y responsabilidad para presentarle lo mejor a Dios, debemos aprender a aceptarnos los unos a los otros, con los aciertos y los errores.

27. *Lee un libro sobre música y adoración cada año.* El tema de la música y la adoración ha causado tanta división en las diferentes iglesias cristianas durante los últimos cuarenta años, que hay muchos libros escritos que abordan el tema desde diferentes perspectivas. Es enriquecedor estudiar la Palabra de Dios y aprender de diversos autores cristianos que han dedicado tiempo a la investigación. Leer por lo menos un libro o dos al año respecto al tema nos puede ayudar a entender la realidad del debate sobre música y adoración que experimenta la iglesia adventista hoy, junto a otras denominaciones cristianas, y a encontrar respuestas y soluciones basadas en la Palabra de Dios.

28. Ora más. Cuando adoramos en espíritu y en verdad, reinvindicamos el nombre y el carácter de Dios. El enemigo desea la adoración a tal punto, que cuando Jesús bajó a la tierra le tentó pidiéndole que le adore. Si tentó al mismo Dios, ¿cómo no nos va a tentar a nosotros, individualmente y como iglesia, poniendo obstáculos para que no adoremos a Dios en espíritu y en verdad?

Al estudiar el tema de la adoración, cada vez me convenzo más de la importancia que tiene darle a Dios y sólo a Dios la gloria y la honra que se merece. Hay muchas voces que quieren confundirnos. Hay pequeños detalles que pueden arruinar una experiencia verdadera de adoración: la falta de concentración, la poca preparación, la tecnología que no funciona, etc. Por eso estoy convencida de que necesitamos pasar más tiempo con Dios hablando, creciendo en nuestra relación con el Padre, permaneciendo más tiempo en su presencia, llenando nuestra vida de su Palabra y su verdad, dependiendo de su Espíritu con más profundidad. Para eso, necesitamos orar. La oración "es el aliento del alma."[193] Cuanto más tiempo pasemos en la presencia de Dios, más poder experimentaremos para adorarle en privado y junto a la congregación.

---

[193] "La oración es el aliento del alma, el canal de todas las bendiciones. Mientras... el alma arrepentida ofrece su oración, Dios ve sus luchas, considera sus conflictos y toma nota de su sinceridad. Aplica su dedo a su pulso, y anota cada latido. No hay sentimiento que lo conmueva, ni emoción que lo agite, ni pesar que lo ensombrezca, ni pecado que lo manche, ni pensamiento o propósito que lo impulse, que Dios no conozca." (Ellen White, *Review and Herald*, October 30, 1900).

UNA FILOSOFÍA ADVENTISTA DEL SÉPTIMO DIA SOBRE LA MÚSICA

Por dos años un comité designado por la administración de la Asociación General, trabajó preparando normativas respecto de la música. La investigación resultante de este comité produjo una declaración, que fue entregada a los delegados al Concilio Anual del 2003 en Silver Spring, Maryland y votada definitivamente en el 2004.

Dios ha entretejido la música en la trama misma de su creación. Leemos que cuando hizo todas las cosas, "alababan todas las estrellas del alba, y se regocijaban todos los hijos de Dios" (Job 38:7). El libro del Apocalipsis describe el cielo como un lugar de alabanza incesante, que resuena con cánticos de adoración a Dios y al Cordero por parte de todos (Apoc. 4:9-11; 5:9-13; 7:10-12; 12:10-12; 14:1-3; 15:2-4; 19:1-8).

Debido a que Dios hizo al ser humano a su imagen, compartimos el amor y el aprecio por la música con todos los seres creados. De hecho, la música puede tocarnos y conmovernos con un poder que va más allá de las palabras o cualquier otro tipo de comunicación[194]. La música mejor y más pura eleva nuestro ser hasta la misma presencia de Dios, donde los ángeles y seres no caídos lo adoran con cánticos.

Pero el pecado ha lanzado una plaga sobre la creación. La imagen divina ha sido desfigurada y casi borrada; en todos los aspectos, este mundo y los dones de Dios nos llegan con una mezcla de bien y mal. La música no es moral y espiritualmente neutra. Alguna puede elevarnos hasta la experiencia humana más sublime, puede ser usada por el príncipe del mal para rebajarnos y degradarnos, para despertar sensualidad, pasiones, desesperación, ira y odio.

La mensajera del Señor, Ellen White, continuamente nos anima a elevar nuestra perspectiva en cuanto a la música. Ella nos dice: "Cuando no se abusa de la música, ésta es una gran bendición; pero mal empleada, es una terrible maldición."[195] "Empleada adecuadamente, ... [la música] es un precioso don de Dios, destinado para elevar nuestros pensamientos a los temas altos y nobles, inspirar y elevar las almas."[196]

En cuanto al poder del canto, ella escribe: "Es uno de los medios más eficaces para grabar en el c" nuestro amor por

---

[194] Ellen White, *La Educación*, 168: "Es la música uno de los medios más eficaces para grabar en el corazón la verdad spiritual."

[195] Ellen White, *El Hogar Cristiano*, 371.

[196] Ellen White, *La Educación*, 168. Ella también escribe en *Mensajes Selectos*, tomo 2, 41-2: "Acerca de las cosas que habéis descrito, como las que vienen aconteciendo en Indiana, el Señor me ha mostrado que habían de ocurrir justamente antes de la terminación del tiempo de gracia. Se manifestará toda clase de cosas extrañas. Habrá vocerío acompañado de tambores, música y danza. El juicio de algunos seres racionales quedará confundido de tal manera que no podrán confiar en él para realizar decisiones correctas. Y a esto consideran como la actuación del Espíritu Santo. El Espíritu Santo nunca se manifiesta en esa forma, mediante ese ruido desconcertante. Esto constituye una invención de Satanás para ocultar sus ingeniosos métodos destinados a tornar ineficaz la pura, sincera, elevadora, ennoblecedora y santificadora verdad para este tiempo."

Él.orazón la verdad espiritual. ¡Cuán a menudo la memoria recuerda alguna palabra de Dios al alma oprimida y a punto de desesperar 'mediante el tema olvidado de algún canto de la infancia', y entonces las tentaciones pierden su poder, la vida adquiere nuevo significado y nuevo propósito, y se imparte valor y alegría a otras almas! ... Como parte del servicio religioso, el canto no es menos importante que la oración. En realidad, más de un canto es una oración. ... Al conducirnos nuestro Redentor al umbral de lo infinito, inundado con la gloria de Dios, podremos comprender los temas de alabanza y acción de gracias del coro celestial que rodea el trono, y al despertarse el eco del canto de los ángeles en nuestros hogares terrenales, los corazones serán acercados más a los cantores celestiales. La comunión con el cielo empieza en la tierra. Aquí aprendemos la clave de su alabanza."[197] Como adventistas del séptimo día, creemos y predicamos que Jesús pronto vendrá otra vez. En nuestra proclamación mundial de los mensajes de los tres ángeles de Apoc. 14:6-12 llamamos a todos los pueblos a aceptar el evangelio eterno y a prepararse para encontrarse con nuestro Señor en su pronto regreso. Desafiamos a todos a elegir lo bueno y no lo malo, para que, "renunciando a la impiedad y a los deseos mundanos, vivamos en este siglo sobria, justa y piadosamente, aguardando la esperanza bienaventurada y la manifestación gloriosa de nuestro gran Dios y Salvador Jesucristo" (Tito 2:12, 13).

Creemos que el evangelio afecta todos los aspectos de la vida. Por eso sostenemos que, dado el vasto potencial de la música para lo bueno o lo malo, no podemos ser indiferentes ante ella. Aunque percibimos que los gustos en música varían en gran manera de un individuo a otro, y que finalmente las decisiones deben ser tomadas en forma individual, creemos que las Escrituras y los escritos de Ellen White sugieren principios que pueden moldear nuestras elecciones.

---

[197] Ellen White, *La Educación*, 169.

En este documento la frase "música sacra" — algunas veces nos da referencia de música religiosa — designa música que está enfocada en Dios y en temas bíblicos y cristianos. En muchos casos, es música compuesta y que tiene por intención el servicio de adoración, encuentros evangelísticos, o devoción particular y puede ser música vocal o instrumental. De todas maneras, no toda la música sacra/religiosa puede ser aceptable para un adventista. La música sacra no debe evocar asociación con cosas seculares o invitarnos a estar conforme a patrones de conducta mundana en pensamiento o acción.

La "música secular" es música compuesta para ocasiones diferentes que los servicios de adoración o devoción personal. Esta habla de situaciones comunes de la vida y las emociones básicas de los humanos. Surge de nuestro interior, expresando la reacción del espíritu humano a la vida, amor, y el mundo en el que el Señor nos ha puesto. Puede ser moralmente elevadora o degradante. Y, aunque no alaba o adora directamente a Dios, igual puede tener un lugar legítimo en la vida de los cristianos. Para su selección se deben seguir los principios discutidos en este documento.

Principios para guiar al cristiano

La música que los cristianos disfrutan debe ser regulada por los siguientes principios:

1. Toda la música que los cristianos escuchan, interpretan o componen, ya sea sacra o secular, debe glorificar a Dios: "Si, pues, coméis o bebéis, o hacéis otra cosa, hacedlo todo para la Gloria de Dios" (1 Cor. 10:31). Este es el principio bíblico dominante. Cualquier cosa que no pueda satisfacer esta norma elevada debilitará nuestra experiencia con el Señor.

2. Toda la música que los cristianos escuchan, interpretan o componen, ya sea sacra o secular, debe ser la

más noble y la mejor: "Por lo demás, hermanos, todo lo que es verdadero, todo lo honesto, todo lo justo, todo lo puro, todo lo amable, todo lo que es de buen nombre; si hay virtud alguna, si algo digno de alabanza, en esto pensad" (Fil. 4:8). Como seguidores de Jesucristo que esperamos y anhelamos unirnos al coro celestial, consideramos la vida en esta tierra como una preparación para, y un anticipo de la vida por venir.

De estos dos fundamentos 'glorificar a Dios en todas las cosas y elegir lo más noble y lo mejor' dependen los demás principios que se presentan a continuación para la selección de la música por parte de los cristianos.

3. Se caracteriza por ser de calidad, equilibrada, apropiada y auténtica. La música cristiana fomenta nuestra sensibilidad espiritual, psicológica y social, y nuestro crecimiento intelectual.

4. La música cristiana es holística; apela tanto al intelecto como a las emociones y afecta al cuerpo en forma positiva.

5. La música revela creatividad en el hecho de que surge de melodías de calidad. Si es armonizada, usa armonías en una forma interesante y artística, y emplea ritmos que las complementan.

6. La música cristiana emplea letras que estimulan positivamente las habilidades intelectuales, así como nuestras emociones y nuestra fuerza de voluntad. Las buenas letras son creativas, ricas en contenido y de buena composición. Se concentran en lo positivo y reflejan valores morales; educan y elevan; y se corresponden con una teología bíblica sólida.

7. En la música cristiana los elementos musicales y literarios trabajan juntos armoniosamente para influir sobre

el pensamiento y la conducta en concordancia con los valores bíblicos.

8. La música cristiana mantiene un equilibrio prudente de los elementos espirituales, intelectuales y emocionales.

9. La música cristiana reconoce y acepta la contribución de diferentes culturas en la adoración a Dios. Las formas y los instrumentos musicales varían en gran manera dentro de la familia adventista del séptimo día mundial, y la música proveniente de una cultura puede parecer extraña para alguien de una cultura diferente.

El hacer música adventista del séptimo día significa escoger lo mejor y por encima de todo acercarnos a nuestro creador y Señor y glorificarlo. Levantemos el desafío de una visión musical alternativa y viable, como parte de nuestro mensaje holístico y profético, hagamos una contribución musical adventista única como un testimonio al mundo que tenga en cuenta a las personas que esperan la pronta venida de Cristo.

Made in the USA
Columbia, SC
27 October 2024